Não ardia o nosso coração?

Flávio Sampaio de Paiva

Não ardia o nosso coração?

AS BEM-AVENTURANÇAS NA VIDA DO SERVO DE DEUS MARCELO HENRIQUE CÂMARA

QUADRANTE

Capa
Karine Santos

Dados Internacionais de Catalogação na Publicação (CIP)

Paiva, Flávio Sampaio de
Não ardia o nosso coração? / Flávio Sampaio de Paiva — 1ª ed. — São Paulo : Quadrante Editora, 2025.

ISBN: 978-85-7465-960-2

1. Biografias 2. Catolicismo 3. Igreja Católica 4. Juventude 5. Santidade I. Título.

21-74818 CDD 248.8

Índices para catálogo sistemático:
1. Santidade : Vida cristã 248.8

QUADRANTE EDITORA
Rua Bernardo da Veiga, 47 — Tel.: 11 3873-2270
CEP 01252-020 — São Paulo — SP
www.quadrante.com.br / atendimento@quadrante.com.br

Sumário

Sumário

Prefácio

Há poucos dias, um amigo contou-me a seguinte história. Certa pessoa estava em busca do sentido de sua vida. Imaginava encontrá-lo em alguma das grandes religiões espalhadas pelo mundo. Assim, iniciou um longo itinerário que a levou do budismo ao hinduísmo, passando pelo judaísmo e por outras crenças. Decidiu também dar uma oportunidade ao cristianismo e resolveu ler a Bíblia, do Livro do Gênesis ao do Apocalipse. A cada página, crescia seu interesse pela fé cristã. O ponto culminante de sua busca aconteceu ao chegar ao Sermão da Montanha — e, de modo especial, às bem-aventuranças. Ao ler aquele trecho do Evangelho, a graça de Deus agiu de forma fulminante: a decisão de converter-se e ser batizado foi imediata. Esse "homem em busca" compreendeu imediatamente que uma doutrina tão sublime só poderia ter sido pronunciada pelo próprio Senhor.

A tradição da Igreja sempre reservou um lugar especial às bem-aventuranças. No Catecismo da Igreja Católica, lemos:

> As bem-aventuranças delineiam o rosto de Jesus Cristo e descrevem sua caridade; exprimem a

> vocação dos fiéis associados à glória da sua Paixão e Ressurreição; iluminam as ações e as atitudes características da vida cristã; são promessas paradoxais que sustentam a esperança nas tribulações; anunciam aos discípulos as bênçãos e recompensas incoadas, e que já se encontram inauguradas na vida da Virgem Maria e de todos os santos.[1]

Nos últimos anos, o Papa Francisco insistiu reiteradamente na importância dessas palavras: são o "documento de identidade" do cristão, o caminho da santidade e o protocolo de entrada no Céu.

Todas as pessoas que desejam imitar Cristo — e nisso consiste a santidade — devem procurar viver, com a graça de Deus e com esforço pessoal, as palavras pronunciadas naquele que hoje chamamos de Monte das Bem-aventuranças, às margens do Mar da Galileia.

O servo de Deus Marcelo Henrique Câmara, sobretudo depois de sua profunda conversão ao participar de um retiro de Emaús, e um pouco mais tarde ao identificar-se com o espírito do Opus Dei, pôs os próprios pés nas pegadas deixadas por Jesus em sua caminhada terrena: pelos campos da Galileia, pelas montanhas da Judeia, na subida ao Calvário e no caminho de Emaús. Este pequeno livro-retiro é um instrumento valioso para que também nós sigamos as pegadas de Cristo, iluminados pelo exemplo do Marcelinho.

---

(1) Catecismo da Igreja Católica, n. 1717.

Após a leitura, é difícil dizer com qual das bem-aventuranças Marcelo mais se identificou. Sua breve vida foi uma graça para muitos dos que se relacionaram com ele: sua família, seus amigos, colegas de trabalho, as enfermeiras que o acompanharam no fim de sua vida... Marcelinho era manso e humilde de coração, como Jesus. Consolou muitos, quando logicamente era ele quem deveria ser consolado. Possuía um elevado senso de justiça, que sabia temperar com a mais delicada caridade. Honrava a amizade humana, e por meio dela conduziu muitas almas ao Senhor. Poderíamos dizer que Marcelo foi — nas palavras de São Josemaria — um autêntico "semeador de paz e de alegria". E tudo isso vivido nas circunstâncias ordinárias de uma vida de estudo, trabalho, família e relações sociais.

Sou grato a Flávio Sampaio de Paiva por nos apresentar, de forma tão direta, o testemunho de vida de Marcelinho. Peço ao Senhor que a leitura deste livro desperte em todos o desejo de trilhar o mesmo caminho que ele percorreu: o das bem-aventuranças que nos identificam com o Senhor. Que a Virgem Maria, a quem o servo de Deus amou com ternura, nos alcance a graça de seu Filho para não desfalecermos no caminho. E a Ela também pedimos que o processo de beatificação do servo de Deus avance, para que seu exemplo seja um farol potente a iluminar as trevas do nosso mundo.

MONSENHOR MARIANO FAZIO
Vigário auxiliar do Opus Dei

Nota ao leitor

Este livro apresenta meditações espirituais inspiradas na vida e nas virtudes do servo de Deus Marcelo Henrique Câmara, cuja causa de beatificação encontra-se em andamento em Roma. Os textos aqui reunidos têm por objetivo oferecer um itinerário de conversão e crescimento na fé cristã a partir do testemunho de vida desse jovem fiel leigo.

Em nenhum momento se pretende antecipar o juízo da Igreja sobre uma possível beatificação ou canonização. Todas as referências às qualidades de sua vida e às suas virtudes devem ser compreendidas como expressões de admiração pelo seu testemunho cristão, e não como afirmações sobre seu estado na glória. Do mesmo modo, eventuais expressões de afeto espiritual ou de inspiração pessoal não constituem culto público, reservado pela Igreja apenas após o reconhecimento oficial da santidade.

Pedimos, portanto, que esta leitura seja feita em espírito de oração, gratidão e esperança, confiando ao discernimento da Santa Igreja toda declaração oficial sobre a vida e as virtudes do servo de Deus Marcelo Henrique Câmara.

Introdução ao livro
Não ardia o nosso coração?

Em 2024, ano da conclusão da fase diocesana do processo de beatificação do servo de Deus Marcelo Henrique Câmara na Arquidiocese de Florianópolis, realizou-se o primeiro retiro espiritual inspirado em sua vida. As meditações desse retiro foram elaboradas com o propósito de divulgar a vida do servo de Deus e publicadas em formato de áudio no *site* do Opus Dei no Brasil. Para sua redação, baseei-me nas conversas que tive com Marcelo durante os quatro anos em que o acompanhei espiritualmente, sempre respeitando o sigilo da direção espiritual e das confissões. Além disso, recorri a testemunhos de outras pessoas que conviveram com ele e às obras biográficas *No caminho da santidade* e o inédito *Relicário de pensamentos*, ambos de Maria Zoê Bellani Lyra Espíndola.[1]

---

(1) Para fins de brevidade, nas notas de rodapé os seguintes livros serão citados por suas respectivas iniciais: Maria Zoê Bellani Lyra Espíndola, *No caminho da santidade: a vida de Marcelo Câmara, um promotor de justiça*. São Paulo, 2020, 3ª ed. (NCS); id. (org.), *Relicário de pensamentos: os tesouros do coração de Marcelinho Câmara*. São Paulo: Cultor de Livros, 2025 (RP).

Para apresentar as virtudes de Marcelo Câmara, tomei como referência as bem-aventuranças proclamadas por Nosso Senhor Jesus Cristo no Sermão da Montanha. Na condição de Carta Magna da moral cristã, elas foram para ele uma orientação segura no caminho da santidade; e, por sua fidelidade ao Evangelho, ele procurou vivê-las de maneira autêntica. Na estrutura do retiro incluí, ao final de cada meditação, um exame de consciência, com o objetivo de ajudar os participantes a refletirem sobre a própria vivência dessas virtudes e a estabelecerem propósitos concretos de progresso espiritual.

Os abundantes frutos espirituais gerados pelo exemplo de vida do servo de Deus nos motivaram a transformar essas reflexões do retiro espiritual neste livro.

O título escolhido — *Não ardia o nosso coração?* — recorda a exclamação dos discípulos de Emaús após caminharem com Jesus Ressuscitado até sua aldeia. Durante o trajeto, conversaram longamente com o Mestre, abriram seus corações e ouviram dEle a explicação das Escrituras, que revelavam a necessidade do sofrimento e da morte do Messias para a redenção da humanidade. Enquanto O escutavam, seus corações reacenderam-se na fé, inflamaram-se de amor a Deus e foram restaurados na esperança.

A experiência de ter o coração inflamado pela presença de Deus também foi vivida por inúmeras pessoas que conviveram com Marcelo Henrique Câmara. Por que seus corações ardiam? Porque, ao seu lado, tocavam uma esperança viva, uma fé profunda e um amor transbordante — realidades que aqueciam e transformavam os que caminhavam com ele na vida cotidiana. Deus se servia com frequência das palavras e do exemplo do Marcelo para reacender a fé, a esperança e a caridade nos que o rodeavam.

O título também expressa nosso agradecimento a Deus pela conversão de Marcelo, ocorrida durante um retiro do Movimento de Emaús. Foi nesse encontro com Cristo que começou sua nova vida, rumo à santidade.

Para compreender melhor a profundidade de sua caminhada espiritual, é preciso conhecer brevemente sua história. Marcelo Henrique Câmara, jovem de Florianópolis, faleceu aos 28 anos e encontra-se em processo de beatificação. Conhecido carinhosamente como "Marcelinho", demonstrou que a busca pela santidade é possível em qualquer circunstância da vida, mesmo nas mais comuns.

Sua infância foi marcada por desafios, como a separação de seus pais quando tinha apenas dez anos. Sua mãe recorda: "Ele mudou muito depois da separação. Deixou de ser um menino e passou a assumir responsabilidades de adulto, como se quisesse ocupar o lugar do pai".

Na juventude, relutava em participar da Santa Missa, mas sua vida sofreu uma reviravolta após um retiro do Movimento de Emaús. Sobre essa experiência, ele próprio relatou: "Aquele homem [Jesus], que até então era um estranho, revelou-se como o sentido da minha vida, o fundamento da minha existência. Entrei na sala como um jovem avesso à Missa e saí como um adulto, graças à maturidade que aquelas palavras trouxeram ao meu ser".

Após sua conversão, Marcelinho abraçou a vida cristã com intensidade. Foi catequista, professor na escola da fé, ministro extraordinário da comunhão e encontrou sua vocação no Opus Dei. Amava e respeitava todos os carismas da Igreja, reconhecendo que, longe de se oporem, se complementam e enriquecem mutuamente.

Diante dos desafios do ambiente universitário, manteve-se firme em suas convicções, defendendo-as com serenidade e respeito. Além disso, enfrentou graves enfermidades, incluindo um linfoma e uma leucemia, sem jamais perder o ânimo. Oferecia suas dores pela conversão de almas e pelas vocações e, mesmo debilitado, preparou-se para o concurso do Ministério Público, desejando promover a justiça na sociedade.

Por que aspirou à santidade? Porque acreditou em Cristo e desejou ser outro Cristo no mundo. Procurava incorporar as bem-aventuranças em sua vida: pobreza de espírito, contínua conversão, mansidão, fome e sede de justiça, pureza de coração, misericórdia, promoção da paz e aceitação das perseguições por amor a Deus.

O exemplo de Marcelo nos inspira a acreditar que todos podemos almejar o ideal da santidade. Ele parecia dizer a cada um: "Você também pode se empenhar em ser santo".

Que, inspirados por seu testemunho, trilhemos o caminho da santidade com coragem e alegria.

PADRE FLÁVIO SAMPAIO DE PAIVA
Florianópolis, 20 de março de 2025

Introdução às meditações

Nestas meditações, contemplaremos as bem-aventuranças, que constituem um maravilhoso compêndio dos ensinamentos morais de Nosso Senhor Jesus Cristo. O conjunto das bem-aventuranças forma um verdadeiro autorretrato de Cristo, revelando as virtudes que Ele viveu de maneira perfeita e as quais nos convida a imitar. No Sermão da Montanha, Jesus não apenas descreve a verdadeira felicidade, mas também nos indica o caminho para alcançá-la: um caminho exigente, mas profundamente realizador.

Este sermão permanece, ainda hoje, fonte de inspiração e de transformação radical. Suas sentenças desafiam os valores distorcidos do mundo, apresentando uma visão nova e verdadeira da felicidade e da santidade. Enquanto o mundo proclama que a felicidade está no acúmulo de riquezas, no poder e na ausência de sofrimentos, Cristo ensina que são bem-aventurados os pobres de espírito, os mansos, os que choram e os que têm fome e sede de justiça. Ele nos convida a olhar além das aparências e a encontrar a plenitude da vida na vivência do amor, da misericórdia, da paz e da pureza de coração.

As máximas do mundo frequentemente se opõem às sentenças das bem-aventuranças. O mundo diz: "Felizes os que possuem o melhor que a vida pode oferecer"; Cristo afirma: "Bem-aventurados os pobres de espírito". O mundo prega: "Felizes os que nunca se arrependem"; Cristo proclama: "Bem-aventurados os que choram". Enquanto o mundo exalta o poder e a força, Cristo declara: "Bem-aventurados os mansos".

Cada bem-aventurança nos convida a viver segundo os valores cristãos, que nos abrem as portas do Reino dos Céus. Elas nos ensinam a superar o egoísmo, a praticar a generosidade e a encontrar alegria no amor sincero e desinteressado.

Inspirados pelo exemplo do servo de Deus Marcelo Henrique Câmara, refletiremos, em cada meditação, sobre como ele se empenhou em viver as bem-aventuranças e como também nós podemos responder ao chamado de Cristo. Identificando-nos com ele, encontraremos a verdadeira felicidade, que só a santidade e a vida eterna em Deus podem nos oferecer.

Coração contrito e convertido

Bem-aventurados os que choram,
porque serão consolados.
— Mt 5, 4

Iniciamos com: "Bem-aventurados os que choram, porque serão consolados". Esta bem-aventurança nos recorda que Marcelinho experimentou uma profunda conversão ao ouvir uma palestra sobre a humanidade santíssima de Jesus Cristo.

"Bem-aventurados os que choram, porque serão consolados" refere-se àqueles que lamentam e se arrependem de seus pecados, buscando uma verdadeira conversão do coração. Esse choro não é consequência de uma tristeza comum ou de uma alegria extrema, mas uma fonte de alegria profunda, pois nos liberta das aflições e remorsos provocados por nossos pecados. É o choro da contrição, uma dor de amor que nos leva a reconciliar-nos com Deus e viver como verdadeiros filhos dEle, superando assim o sentimento de culpa.

Jesus Cristo, em sua infinita misericórdia, oferece-nos consolo através do seu perdão e da graça, a qual nos permite emendar nossas vidas e provoca uma transformação profunda. Esse processo de conversão abarca o reconhecimento de nossas faltas, a dor pela ofensa cometida contra Deus e a busca da reconciliação através do sacramento da confissão. A dor do arrependimento sincero não necessita ser emocional ou acompanhada de lágrimas, mas deve ser medida pelas obras e pelos propósitos de emenda, demonstrando um desejo genuíno de viver conforme a vontade divina.

A verdadeira conversão do coração, manifestada pelo arrependimento e pela contrição, traz consigo uma alegria profunda e a paz de espírito, consolando-nos em nossas tristezas e fortalecendo-nos para evitar futuros pecados. Experimentamos assim a felicidade prometida na proposta de Cristo: "Bem-aventurados os que choram, porque serão consolados".

Consideremos agora como se deu esse momento marcante na vida de Marcelo, isto é, como sua conversão se operou.

Marcelo e seu irmão Murilo foram a uma Missa, levados por seu pai Júlio, na Igreja da Imaculada, na cidade de Florianópolis. Ao chegar lá, seu pai foi com os dois filhos à sacristia cumprimentar Monsenhor Bianchini, um sacerdote conhecido da família.

O sacerdote perguntou quem eram os meninos e começou a conversar com os dois, dando especial atenção ao mais velho, que já estava cursando a faculdade de direito. Ao perceber que Marcelo prestava muita atenção à conversa, convidou-o para um retiro do Movimento de Emaús, do qual o Monsenhor Bianchini era diretor espiritual. O retiro ocorreria nos próximos dias, de 28 a 31 de agosto de 1997.

Inicialmente, Marcelo não se mostrou muito animado com a ideia, como ele mesmo relata:

> Sou obrigado a confessar que quando fui convidado a participar do curso de Emaús de 28 a 31 de agosto de 1997, não cuidei de observar os prazos das entrevistas prévias que selecionam os candidatos, e não tinha mesmo muita determinação em juntar-me a um grupo de garotos em um fim de semana em um morro do sul da ilha de Santa Catarina. Mas, chamado de última hora para participar do retiro, fiquei constrangido em negar: fui entrevistado por telefone, o que foge em muito do usual. Sinceramente, fui "laçado" para o tal "Emaús"...[1]

Já no retiro, precisamente na palestra ministrada pelo Monsenhor Bianchini sobre Jesus Cristo, Marcelo experimentou uma profunda conversão. Tratava-se de um encontro com a pessoa de Jesus Cristo semelhante ao de São Paulo no caminho de Damasco. Certa vez, comentou em relação àqueles dias de recolhimento:

(1) NCS, pp. 38–39.

"Como se deu com Saulo, sem comparação, é claro, caí do cavalo".[2]

Em que sentido se dá essa semelhança entre a sua conversão e a de São Paulo? Penso que na forma como a conversão transformou a vida do Marcelo. Aplicam-se a ele as mesmas palavras que o Papa Bento XVI referia ao apóstolo:

> A verdade que havia experimentado no encontro com o Ressuscitado bem merecia para ele a luta, a perseguição, o sofrimento. Mas o que o motivava no mais profundo do seu ser era o fato de ser amado por Jesus Cristo e o desejo de transmitir aos outros esse amor. Paulo era um homem capaz de amar, e todo o seu agir e sofrer só se explica a partir desse centro.[3]

A vida do Marcelinho também só se explica a partir do conhecimento do amor de Deus, manifestado por Jesus. É o que podemos observar ao descrever o seu encontro com Cristo:

> Aquele homem, que era então um estranho, revelava-se, de par em par, de minuto a minuto, como sentido da minha vida, fundamento da minha existência. Posso afirmar que sentei na sala de palestras como um jovem avesso às Missas e levantei-me um adulto pela felicíssima maturidade

---

(2) Ibid.

 (3) Papa Bento XVI, homilia de 28 de junho de 2008.

que as palavras ouvidas, tão evidentemente verdadeiras, trouxeram ao meu ser, à minha pessoa.[4]

Expressava-se na mesma ocasião: "Esta mudança de vida, de perspectivas, de valores, se deu ao escutar a fala de um senhor já com certa idade, mas que se mostrava um instrumento fidelíssimo daquele Jesus que me fazia apresentar".[5]

Marcelo, ao ouvir a palestra, fica admirado pela apresentação de Monsenhor Bianchini: "Que trato delicado com a pessoa de Jesus tinha aquele padre! Uma fineza de alma, que apresentava àqueles jovens, entre eles eu, admirado, toda a delicadeza da alma de Cristo, das maneiras de Cristo, dos olhares de Cristo!".[6]

Jesus Cristo a partir de então passou a estar no centro da sua vida:

> Tudo, à luz de Cristo, parecia tão diferente, mais belo, mais cordial, mais pleno de significado. Era tudo tão simples! Dali em diante, bastava seguir Aquele que me foi anunciado. Nas quedas, Ele me acolheria; nos progressos, Ele aumentaria em mim a graça da sua santa presença, tanto espiritual como eucarística.[7]

---

(4) Roberto Rodrigues de Menezes, *Vem e segue-me (Mt 9, 9): Monsenhor Francisco de Sales Bianchini*. Florianópolis, 2008, p. 193, §5º.

(5) NCS, p. 194, §2º.

(6) Ibid.

(7) Roberto Rodrigues de Menezes, op. cit., p. 194, §1º.

Marcelo via a Jesus Cristo como alguém que realmente estava vivo e era seu amigo próximo. Mais do que isso, tratava-se do modelo em que se espelhava. Falava de Jesus Cristo com muita simplicidade e com imensa força.

Conversando certa feita com uns amigos no bar da faculdade, disse-lhes com voz firme: "Jesus Cristo é a pessoa mais importante para mim".[8] Tal afirmação foi tão impactante para Maria Zoê que esta sua colega da faculdade de direito, consciente de que Marcelo havia feito o retiro do Emaús e ali havia se convertido, procurou-o e pediu que a inscrevesse no próximo retiro para moças do mesmo movimento e fosse nele o seu "padrinho".

A fé do Marcelo era tão profunda que o levava a querer seguir a Cristo, ser como Cristo. O encontro com Cristo mudara o seu modo de pensar e de sentir. Vemos na vida do Marcelo Câmara aquela profunda compreensão da fé tão bem descrita pelo Papa Francisco na sua Encíclica *Lumen fidei*:

> Podemos assim compreender a novidade a que a fé nos conduz. O fiel é transformado pelo amor, ao qual se abriu na fé; e, na sua abertura a este amor que lhe é oferecido, a sua existência dilata-se para além dele próprio. São Paulo pode afirmar: "Já não sou eu que vivo, mas é Cristo que vive em mim"

---

(8) NCS, p. 61, §1º.

(Gl 2, 20), e exortar: "Que Cristo, pela fé, habite nos vossos corações" (Ef 3, 17). Na fé, o "eu" do fiel dilata-se para ser habitado por um Outro, para viver num Outro, e assim a sua vida amplia-se no amor. É aqui que se situa a ação própria do Espírito Santo: o cristão pode ter os olhos de Jesus, os seus sentimentos, a sua predisposição filial, porque é feito participante do seu amor, que é o Espírito; é neste amor que se recebe, de algum modo, a visão própria de Jesus...[9]

Penso que em grande parte a sua fama de santidade vem da decisão pessoal de viver da fé e ser "outro Cristo, o próprio Cristo".[10] Marcelo estava de tal forma decidido a viver esse ideal cristão que perdeu qualquer respeito humano, qualquer possível vergonha de procurar ser como Cristo, de ter o coração de Cristo para com todos. A sua personalidade foi, a partir da sua conversão, amadurecendo, buscando identificar-se com o Senhor.

Creio que todos devemos ter essa fé com obras e buscar essa mesma identificação com Jesus Cristo. Porém, quando se fala que o cristão deve seguir esse caminho, não se está dizendo que há uma uniformidade entre todos os santos que o trilharam. A personalidade de Cristo é riquíssima, e há infinitas formas de se identificar com Ele.

---

(9) Papa Francisco, Encíclica *Lumen fidei*, n. 21.

(10) São Josemaria Escrivá, *Amigos de Deus*, n. 6.

Os santos eram e são muito diferentes entre si, mas todos se identificaram com Cristo de alguma forma, levando a cabo o que São Josemaria Escrivá deixou escrito em *Forja*: "De acordo: deves ter personalidade, mas a tua personalidade tem de procurar identificar-se com Cristo!".[11]

Em nosso processo de santificação, partimos de determinadas características temperamentais pessoais, dos diversos dons que recebemos de Deus, da educação que recebemos em casa, e todos esses fatores servem de substrato para a nossa identificação com Cristo. O Marcelinho, por exemplo, desde pequeno era muito afetuoso e soube aproveitar essa característica para desenvolvê-la ainda mais e cativar muitas pessoas com o seu carinho extremado.

Podemos observar essa sua característica marcante em um bilhete carinhoso que escreveu quando pequeno para a sua bisavó Almerinda, que estivera passando um mês em Brusque.

> Querida Bisa,
>
> Estava te esperando, como não pudeste vir, não faz mal, tudo bem. Eu vou bem, na escola tiro boas notas. O Murilo vai bem. Como vai a tia Maria Lúcia? Espero que ela esteja bem. Bisa, gosto muito de ti.
>
> Mil beijos do Marcelo.
> Ass: Marcelo Henrique.[12]

---

(11) Id., *Forja*, n. 468.

(12) NCS, p. 24, §2º.

Durante a sua vida, com muita simplicidade, Marcelo manifestará o carinho que tinha pelas pessoas, especialmente pelos seus parentes e amigos. Mesmo quando adoeceu de câncer e teve que fazer desgastantes seções de quimioterapia, mantinha essa afetuosidade para com os demais.

O seu colega e amigo Samuel Naspolini conseguiu expressar, com riqueza de detalhes, os sentimentos, as preocupações e o espanto com que os amigos observavam o modo de agir do Marcelinho após a descoberta do câncer:

> Decidi buscar mais informações no próprio hospital. Estava chocado com a brutalidade da notícia e a gravidade do problema. Dirigi, muito tenso, pelas ruas escuras ao redor do Hospital Celso Ramos e caminhei nervoso pelos corredores até a porta de seu quarto. Alguns objetos religiosos e cartas de apoio deixados do lado de fora tornavam o ambiente um pouco mais receptivo, mas não diminuíam o impacto causado pela placa a indicar a proibição de visitas. Fiquei ali alguns minutos, até que Dona Leatrice (mãe do Marcelinho) surgiu — absurdo naquelas circunstâncias —, genuinamente feliz. Permitiu-me entrar. Preparei-me para o pior afinal, ali estaria um jovem de vinte e cinco anos acometido por um linfoma grave. O choque de fato veio, mas de forma diferente. Ao me ver, Marcelo

abriu um sorriso: "Samuca, meu caro, que alegria vê-lo".[13]

Samuel ainda pôde observar que Marcelo não reclamava nem se queixava de nada. Apenas lamentou ter de se afastar do trabalho, por preocupar-se com seus alunos. Samuel também se lembra de que a todos os enfermeiros que entraram no quarto durante a estada de Marcelinho foram dirigidas palavras de afeto.

Sua amiga Thaiz, que participava do Grupo São Paulo do Movimento de Emaús, coordenado pelo próprio Marcelo, foi surpreendida por esse grande afeto na comemoração do dia do seu aniversário, quando Marcelo já estivera fazendo tratamento de quimioterapia:

> Nunca vou esquecer-me de uma ocasião em que estava comemorando meu aniversário na Pizzaria San Francesco... Tinha consciência de que o Marcelinho não poderia ir em razão de neste mesmo dia ter realizado uma sessão de quimioterapia. De repente, vimos um táxi parando na entrada e o vi descendo de muletas [...]. Foi emocionante demais! E claro que fui logo ao seu encontro, perguntando se estava tudo bem, dizendo que ele não precisava ter se incomodado em ir para a pizzaria, que deveria estar descansando, quando ele, de um

(13) Ibid., pp. 120–121.

> modo muito peculiar e habitual, colocou seu dedo indicador na ponta do meu nariz e disse: "Eu não poderia deixar de participar da comemoração do aniversário da minha amiga querida".[14]

Essa forma afetuosa de agir cativava de tal modo as pessoas que era comum que brotasse uma amizade verdadeira entre ambos, mesmo que apenas brevemente.

Murilo Câmara relata como seu irmão cativara o guardador de carros, a ponto de o rapaz enfrentar os ladrões que tentaram roubar o veículo daquele que considerava um amigo.

> Ninguém passava despercebido para o Marcelo: tratava todo mundo com distinção. O guardador de carros que ficava na frente da casa da nossa avó chegou a apanhar dos caras que foram tentar roubar o carro do Marcelo, e ele não deixou. O Marcelo sempre conversava com ele. Podia ser quem fosse, o Marcelo conversava, dava atenção, dava carinho, dava ânimo, esperança![15]

Outro detalhe pequeno, mas significativo, vem da secretária que recebeu a sua inscrição para o exame do Ministério Público. Ela ficou tão impressionada com a amabilidade e cordialidade com que Marcelo a tratara

---

(14) Ibid., p. 141, §2º.

(15) Ibid., p. 108, §2º.

que, a partir daquele dia, passou a acompanhar o seu desempenho no concurso para promotor, desejando que ele fosse aprovado.[16]

Em termos de comportamento, de acordo com seus pais, Marcelo sempre foi um menino tranquilo, fácil, nada exigente. Mas, como todas as crianças, teve de lidar também com algumas más inclinações que se manifestaram desde pequeno.

Significativa é a sua tentativa de fuga quando a sua mãe Leatrice estava grávida do seu irmão Murilo. Segundo seu pai, essa fuga se dera por uma bronca que Marcelo recebera referente aos modos de se comportar à mesa. E ele resolveu ir à casa da avó, que, em sua opinião, não lhe dava broncas.

Sem avisar nada a ninguém, Marcelo colocou em uma sacolinha de supermercado um brinquedo, uma chupeta e uma fralda e, saindo pela rua em que morava, pegou depois a Avenida das Rendeiras. Na frente do bar do Leca, um conhecido da família o avistou fugindo e o levou de volta para casa.

Essa atitude infantil, todavia, foi totalmente superada ao longo de sua vida. Marcelo sempre manifestou um enorme carinho pelos seus parentes, principalmente pelos mais próximos: pai, mãe e irmão. Vejam o emocionante depoimento de Murilo:

> Marcelo sempre foi uma pessoa muito especial (...) pelo simples motivo de ter assumido muito

(16) Cf. ibid., p. 140, §5º.

> cedo um papel na minha vida e na vida da minha mãe, quando da separação dos meus pais. O Marcelo adotou uma postura de que na época eu não tinha nem ideia. (...) [c]om o passar do tempo, eu, com doze ou treze anos, o respeitava dentro de casa como a um pai, inclusive mais do que a própria mãe. Se o Marcelo dizia "não", era "não". Eu era irmão dele e quase filho.[17]

Diante da difícil situação da separação dos pais, Marcelo teve uma reação surpreendente. Deus serviu-se dessa tremenda dificuldade para trabalhar sua alma e fazer com que ele amadurecesse muito em pouco tempo. Em vez de se preocupar consigo, Marcelo passou a se interessar pelo bem de todos os seus parentes próximos e, dentro das suas possibilidades, promover esse bem.

Ainda menino, ao ir morar com a mãe e o irmão mais novo, passou a ter atitudes de um verdadeiro adulto na condução da família, preocupando-se com o trabalho da mãe, com os gastos da casa — enfim, sentindo-se responsável pelo futuro dos familiares. Essa preocupação o acompanhará por toda a vida.

Sua mãe dá o seguinte testemunho:

> Ele mudou muito mesmo a partir da minha separação. De menino, passou a tomar uma postura

(17) Ibid., p. 29, §2º.

de adulto. A impressão que dava era a de que queria tomar o lugar do pai, ser o responsável por tudo. Quando eu chegava do serviço, ele se sentava e perguntava para mim como tinha sido o meu dia e se eu precisava de alguma coisa, se a família precisava de alguma coisa.[18]

Esta atenção à família só irá crescer com o tempo. Sua família esteve sempre em suas orações, preocupações e ações.

É importante fazer constar que, apesar da separação do casal, o pai manteve contato frequente com os filhos, acompanhando o crescimento e estimulando a formação deles. Com o auxílio da madrinha de batismo de Marcelo, a tia-avó Helena, procurava manter nos meninos pelo menos o compromisso com a Santa Missa nos finais de semana, embora encontrasse resistência da parte dos dois.

A mãe, Leatrice, relembra com carinho que o filho valorizava muito a família. Com mais idade, ele gostava de fazer tertúlia, ou seja, de reunir a todos para conversar no terraço ou na garagem. Manifestava particular preocupação com a situação espiritual de seu pai e irmão Murilo, desejando aproximá-los ainda mais de Deus.[19]

Espero que todos nós também desejemos ardentemente identificar-nos com Cristo, sendo outro Cristo,

(18) Ibid., pp. 28–29.

(19) Ibid., p. 105, §2º.

o próprio Cristo. E que as pessoas ao conviverem conosco possam também dizer: "Não ardia o nosso coração?".

Exame sobre a contrição e a conversão

1. O amor a Deus me leva a uma verdadeira dor pelos meus pecados? Meu arrependimento nasce de um desejo profundo de corresponder melhor ao amor que Deus tem por mim?

2. Como acolho o perdão de Deus no sacramento da confissão? Tenho consciência de que, ao me reconciliar com Deus, sou chamado a amar mais e melhor as pessoas ao meu redor?

3. Vejo Cristo não apenas como um modelo distante, mas como um amigo próximo que caminha comigo e me convida a amá-lO nos outros? Como essa proximidade influencia minha maneira de tratar as pessoas?

4. Procuro expressar a minha fé com simplicidade e naturalidade, como Marcelo, para que os que me cercam sintam o amor de Cristo por meio do meu testemunho?

5. A caridade informa a minha vida? Minhas palavras e gestos transmitem afeto, atenção e delicadeza?

6. Assim como Marcelo cativava as pessoas com sua ternura e proximidade, eu também busco enxergar cada pessoa com os olhos de Cristo, valorizando-as e alegrando-me com a sua presença?

7. Meu amor por Cristo me impulsiona a viver uma caridade concreta, especialmente com aqueles que sofrem ou se sentem sozinhos? Tenho sido capaz de sair de mim mesmo para consolar, escutar e apoiar os que precisam?

8. Nos momentos de provação, mantenho minha preocupação com os outros, como Marcelo demonstrava mesmo no hospital, tratando cada pessoa com carinho e bondade?

9. Em minha família e em meus círculos de amizade, sou um fator de união e amor? Busco promover um ambiente de paz, cuidado e verdadeiro carinho pelos outros?

Coração humilde e desprendido

Bem-aventurados os pobres de espírito, porque deles é o reino dos Céus.
— Mt 5, 3

A primeira bem-aventurança enunciada por Jesus Cristo é precisamente a segunda de que tratamos: "Bem-aventurados os pobres de espírito, porque deles é o reino dos Céus". É sobre essa pobreza de espírito que queremos meditar diante do Senhor. Veremos como nosso irmão, o servo de Deus Marcelo Henrique Câmara, concebia essa pobreza de espírito e como a vivia.

Trata-se de um tema central na pregação de Cristo e refere-se a uma profunda sabedoria da vida cristã. De certa forma, constitui a base para viver as outras bem-aventuranças. Apenas os pobres de espírito conseguem ser contritos, mansos, misericordiosos, puros de coração, ter o desejo de santidade, ser pacificadores e sofrer por Cristo, atingindo assim a santidade e o consequente Reino dos Céus.

Aprofundemo-nos nessa bem-aventurança a partir do ensinamento de São Paulo aos coríntios: "Vós conheceis a bondade de nosso Senhor Jesus Cristo. Sendo rico, se fez pobre por vós, a fim de nos enriquecer por sua pobreza" (2 Cor 8, 9).

Em que sentido São Paulo fala da pobreza de Jesus Cristo? Embora Cristo também a vivesse, sem dúvida essa pobreza transcende a pobreza material. Antes, refere-se sobretudo ao seu despojamento da glória divina, à assunção da natureza humana. São Paulo, aos filipenses, explica que Jesus Cristo por amor aos homens "aniquilou-se a si mesmo, tomando a forma de servo, fazendo-se semelhante aos homens" (Fl 2, 7). Marcelinho comentava sobre esse aniquilamento do Senhor:

> Esvaziar-se. Imagine o infinito tomando uma forma finita, imagine o Todo-Poderoso assumindo a fragilidade de uma criança, imagine aquele por quem todas as coisas foram feitas acomodado na simplicidade extrema de uma manjedoura. Bondade tamanha, por amar "até o extremo", só poderíamos mesmo encontrar em Deus![1]

A pobreza de espírito é chave da vida espiritual, da santidade, da verdadeira felicidade. Somente os pobres de espírito, aqueles que se tornam pequeninos diante de Deus, recebem plenamente a graça do Espírito Santo. A Virgem Maria, a cheia de graça, mas também plenamente pobre de espírito, canta

---

(1) RP, n. 9.

no *Magnificat*: "Derrubou do trono os poderosos e exaltou os humildes". Anteriormente dissera: "Deus olhou para a baixeza da sua escrava" (Lc 1, 48), ou seja, para a sua humildade.

Portanto, a pobreza de espírito consiste em estar desprendido de tudo, inclusive da própria imagem, honra, opiniões, prestígio e talentos, como Nossa Senhora, que atribuía tudo o que tinha de bom a Deus: "Grandes coisas fez em mim aquele que é Todo-Poderoso" (Lc 1, 49).

Mas como é difícil esse desprendimento! Quantas pessoas se apegam a dinheiro, cargos, conquistas, e começam a se achar muito importantes! A pobreza de espírito está em perceber que diante de Deus não temos "direito" a reivindicar nada. Tudo quanto recebemos é fruto da bondade e generosidade dEle.

Tornamo-nos mais livres na medida em que desprendemo-nos de nós mesmos e dos bens da terra. A pobreza de espírito nos leva a buscar o que realmente importa: o Reino de Deus. Jesus afirmou: "Buscai em primeiro lugar o reino de Deus e a sua justiça, e todas as demais coisas vos serão dadas em acréscimo" (Mt 6, 33). Além disso, a pobreza de espírito se manifesta em vários campos de nossa vida: na relação com Deus, na relação consigo mesmo, no relacionamento com os demais, na atitude diante dos bens materiais...

Reconhecer nossa total dependência de Deus é essencial na vida cristã. Santa Teresinha disse: "Ser pequeno é não se atribuir a si mesmo as virtudes que pratica, mas reconhecer que Deus colocou esse tesouro nas mãos de seu filhinho".[2] E, de fato, a gratidão a Deus, esse reconhecer que tudo é dom divino, alimenta nossa humildade. São Paulo alertava aos coríntios: "Que é que possuis que não tenhas recebido? E se recebeste, por que te glorias, como se não tivesse recebido?" (1 Cor 4, 7).

Marcelinho atribuía qualquer progresso pessoal à ação da graça de Deus em nós. Essa confiança na ação da graça fica muito clara em um dos seus testemunhos:

> Tenho vivido da graça do meu Deus. Não dá para explicar qualquer progresso no campo da moralidade, não dá para explicar qualquer progresso no campo da oração, não dá para explicar qualquer progresso no campo das nossas relações interpessoais se não for através da graça divina.[3]

Marcelinho buscava a perfeição humana e a santidade, sempre procurando dar o melhor de si. No entanto, nunca fez isso para se tornar o centro de sua vida, obter reconhecimento humano ou sentir-se superior. Ele visava realizar as próprias tarefas com perfeição por amor, sabendo que isso agradava a Deus. Para ele, a santidade consistia no ideal de se tornar semelhante a Cristo no amor ao próximo e

---

(2) Santa Teresa de Lisieux, *História de uma alma*, "Manuscrito B", verso da primeira página.

(3) RP, n. 21.

na doação de si. Marcelo buscava encher-se de virtudes para, silenciosamente, esvaziar-se em favor dos irmãos.

Sua mãe comenta: "Ele tinha uma necessidade muito grande de ser perfeito. Perfeição no sentido humano. Eu acho que ele queria ser uma pessoa completa para poder passar isso para os outros, para poder ajudar. Essa era a busca dele. A busca dele era o bem-estar do outro, a ajuda, levar algo de bom para alguém".[4] Maria Zoê comenta:

> Embora Marcelo soubesse da riqueza de seus talentos, não se envaidecia por suas inúmeras qualidades e pelo contínuo esforço por ser melhor. Pelo contrário, ele reconhecia que todo o seu progresso era sustentado pela graça de Deus. Tinha plena consciência de que a glória humana, por mais sedutora que fosse, era fugaz e insaciável. Desejava e buscava que toda honra e toda glória fosse somente para Deus. Ele não buscava enaltecer-se ou afirmar-se diante das pessoas.[5]

As palavras de Fernando Cani destacam a virtude que mais o impressionava no Marcelinho:

> O que mais me chamou a atenção em sua personalidade era sua humildade. Era sabido que

(4) NCS, p. 111, §2º.

(5) Ibid., §3º.

Marcelinho era um cara que levava a fé muito a sério, buscava seguir fielmente os preceitos de nossa fé católica, bem como defender e pregar tudo aquilo que é certo aos olhos do Pai. No entanto essa seriedade não se transformava em amargor, tristeza, imposições, raiva ou qualquer outra coisa ruim. Era muito humilde e sabia colocar-se muito bem. Penso que deixou um grande exemplo nesse sentido, para que não nos deixemos levar pela soberba da "santificação".[6]

Além de sua admiração pela natureza, Marcelo nutria outra paixão: o conhecimento. Dotado de uma inteligência ímpar e uma rara eloquência, características marcantes de sua personalidade, sua dedicação aos estudos lhe proporcionou uma notável formação, a qual desejava compartilhar com os demais. Seu pai Júlio deixa-nos o seguinte depoimento a esse respeito:

> O Marcelo compartilhava os seus bens? O grande bem que ele compartilhava era a sua cultura. Dizia: "O meu saber não fica comigo. O meu saber é para falar para os outros!".
>
> Desde pequeno ele queria saber o porquê das coisas e era investigativo. Quando estudava no Alferes Tiradentes, ele recortava pedaços de jornal e fazia um pequeno escrito abaixo, de três a quatro

---

(6) Ibid., p. 113, §2º.

linhas, do que ele pensava sobre o tema. Tirávamos mais de quarenta fotocópias e ele levava para o colégio, dizendo: "Os meninos e as meninas têm que ficar sabendo do que está acontecendo. A gente precisa discutir o tema para tomar alguma atitude a seu respeito".

Quando ele era jovem, Marcelo e eu costumávamos caminhar bastante. Sempre amei meus filhos igualmente, mas Marcelo era um companheiro mais próximo. O lugar favorito de Marcelo era Jurerê Internacional, onde passeávamos pelas ruas bem cuidadas e agradáveis. Ele gostava muito de conversar sobre diversos temas, como São Francisco de Assis, São Tomás de Aquino e a Revolução Francesa, a Inquisição... Dissertava sobre qualquer assunto com uma profundidade que impressionava, sem ofender ou usar palavras inadequadas.

Na época, sua cultura passava despercebida, mas hoje reconhecemos sua excepcionalidade. Ele era mais culto do que inteligente. Lembro-me de uma palestra na Paróquia Santíssima Trindade onde ele falou por duas horas com uma atenção cativante do público.

Também após as Missas, o Marcelo sempre atraía a atenção de muitos, que admiravam a sua capacidade de discernimento e compreensão e se aproximavam dele para ouvi-lo.

Um amigo me disse uma frase que se aplica a Marcelo: "Era uma pessoa muito à frente de seu tempo e não prestávamos atenção". Sua linguagem, docilidade e visão de mundo eram avançadas. Muitas vezes não as compreendíamos plenamente, pois nossa percepção não alcançava sua profundidade.

Nas minhas conversas com o Marcelo, pude observar o desejo de dedicar o seu trabalho profissional plenamente a Deus. Marcelo procurou sempre se aperfeiçoar no conhecimento jurídico — não para sua própria glória, mas com o objetivo de melhor servir a Deus e ao bem comum da sociedade.

Marcelo não se considerava superior a ninguém devido ao seu conhecimento ou a sua santidade de vida. Não se isolava das pessoas, nem se colocava em posição inacessível. Aqueles que inicialmente suspeitavam de que teria uma postura arrogante devido à sua notável formação e eloquência mudavam rapidamente de opinião ao conviver com ele. Significativo a esse respeito é o depoimento de Olga Lung:

> No primeiro domingo do mês em nossa paróquia, a Missa das 9h ficava a cargo da catequese. Houve um desses domingos em que padre não pôde comparecer e ligou solicitando que algum ministro presidisse a celebração. Fui até o Marcelo e o convidei para o ofício. Imediatamente ele colocou a mão no peito e disse: "Não, eu não mereço tanto, peça autro ministro que seja mais preparado". Alguém que estava próximo falou: "Você é a pessoa mais preparada para presidir esta celebração", e foi uma

celebração como as outras; porém, a homilia que ele fez de última hora impressionou a todos: era o Espírito Santo falando nele.[7]

Fernando Wendhausen também relata que, quando sua esposa Isabel conheceu Marcelinho em abril de 2000, nas reuniões do Grupo São Paulo do Movimento de Emaús, ela inicialmente ficou receosa de participar. Isabel dizia que havia um jovem com profundo conhecimento da Bíblia, capaz de citar capítulos e versículos das passagens com grande precisão. Ela se preocupava em errar suas próprias citações diante de alguém com tanto conhecimento. Essa preocupação, no entanto, logo se transformou em encantamento em razão das palavras que Marcelo proferia nas reuniões.[8]

Zélia Dal Castel testemunhou sobre o forte impacto que uma palestra do Marcelinho teve no seu filho durante o retiro do Movimento de Emaús:

> Meu filho mais moço, ao voltar do Emaús, após a Missa de encerramento, abraçou-me emocionado dizendo da sua comoção ao ouvir a palestra sobre a Eucaristia proferida pelo Marcelinho, [sobre o] mais alto que desceu mais baixo. Fui então agradecer ao Marcelinho porque este filho confessava mais vezes do que comungava, pois

---

(7) NCS, pp. 81–82.

(8) Cf. ibid., pp. 70–71.

tinha dúvidas em relação à presença real de Cristo na Eucaristia. Marcelinho, com sua simplicidade e humildade costumeiras, não agradeceu meu elogio: referiu tudo ao Senhor Deus que opera maravilhas.[9]

Marcelo também manifestava a pobreza na relação consigo mesmo

Marcelinho tinha muito claro que ser pobre é também aceitar nossas fraquezas e limitações pessoais, reconhecendo-nos como pecadores necessitados da misericórdia de Deus. São Paulo, ao enfrentar as próprias fraquezas, ouviu de Deus: "Basta-te minha graça, porque é na fraqueza que se revela totalmente a minha força" (2 Cor 12, 8-10).

O Marcelo disse em certa ocasião: "A humildade implica a ciência de que somos necessitados e carecidos do Senhor".[10]

Esta aceitação não é resignação à mediocridade, mas um apelo à misericórdia divina para que nos perdoe dos pecados, cure nossos vícios, conceda as virtudes sobrenaturais de que necessitamos, eleve nossa natureza por meio da graça e dos dons do Espírito Santo.

---

(9) Ibid., p. 131, §2º.

(10) RP, n. 176.

A pobreza também se manifesta na relação com o próximo

Quem reconhece o caráter divino que há nas demais pessoas — afinal, são filhas de Deus — coloca-se humildemente em uma situação de caridade e de serviço, como a do próprio Cristo. Jesus lavou os pés dos apóstolos e também ensinou: "O maior dentre vós seja vosso servo" (Mt 23, 11).

Vejam o que o próprio Marcelinho dizia a esse respeito: "A virtude da humildade é essencial ao verdadeiro espírito de serviço: quem serve reconhece que faz a vontade de Deus, e o faz graças a Deus".[11]

> A humildade e o espírito de serviço refletem-se na obediência sem murmurações às recomendações dadas pelos que se encontram em posição de responsabilidade; no zelo pelo cumprimento de todas as tarefas, por mais que pareçam de pouca importância; na disposição de trabalhar por Cristo, sem preocupação concernente ao reconhecimento por parte dos homens; na confiança de que tudo depende de Deus e basta que façamos com lealdade o que nos cabe para a obra do Senhor ser realizada.[12]

O espírito de serviço e a generosidade com os outros, sem buscar seu reconhecimento, é uma manifestação da pobreza de espírito.

---

(11) Ibid., n. 175.

(12) Ibid., n. 177.

Marcelinho era um dos voluntários da equipe organizada por Klaus para ajudar os meninos órfãos da Casa-Lar a vencerem a difícil batalha dos estudos. É o que recorda, que morava na casa à época:

> Ele dava aula de reforço escolar para mim e mais dois meninos da casa, toda quinta-feira à noite. Era uma pessoa muito atenciosa, educada, inteligente "pra caramba". A gente aprendia fácil com ele. Tínhamos muita dificuldade com os estudos, e por isso tínhamos essas aulas extras na Casa-Lar. O Marcelo era voluntário, dava essas aulas particulares para nós. Ajudou-nos bastante. Eu mesmo tive pouco convívio com ele, pois logo comecei a estudar à noite. Mas o pouco foi muito.[13]

A pobreza de espírito se manifesta também na relação com os bens materiais

A pobreza de espírito se manifesta em confiar antes de tudo na Providência Divina e não fazer dos bens materiais uma segurança última. Colocar nossa segurança em Deus nos livra de muitas inquietações. São Clemente de Alexandria ensinava que os bens materiais são aptos para servir, mas não para mandar. A cobiça, o desejo desordenado de possuir mais, é uma armadilha que nos distancia de Deus. Jesus advertiu:

---

(13) NCS, p. 59, §1º.

"Ninguém pode servir a dois senhores... Não podeis servir a Deus e ao dinheiro" (Mt 6, 24). E, noutra ocasião:

> Não ajunteis tesouros na Terra, onde a traça e a ferrugem tudo consomem, e onde os ladrões assaltam e roubam. Mas ajuntai tesouros no Céu, onde nem a traça nem a ferrugem consomem, e onde os ladrões não assaltam nem roubam. Porque onde estiver o vosso tesouro, aí estará também o vosso coração (Mt 6, 19–21).

A humildade do Marcelo confirmava-se em seu desprendimento material, na opção pela vida simples, sóbria, sem extravagâncias e gastos excessivos. Seu coração, em verdade, não estava preso às coisas terrenas... Tanto que, ao receber os dois primeiros salários do concurso do Ministério Público, destinou um deles a um empreendimento apostólico da Igreja em Florianópolis.

Seu desprendimento material sensibilizava até seu próprio pai, que relata dois aspectos da sua pobreza, concretizada na ausência de bens supérfluos:

> Por mais de dez anos, todos os sábados, religiosamente nós almoçávamos juntos, aqui na minha pousada nos ingleses: Marcelo, Murilo, Juliana, Bruno, Bianca, Sara... Enfim: filhos e afilhados. Após o almoço, cada um ia cuidar da sua vida: alguns iam brincar, e o Marcelo voltava a estudar, como sempre.

Por volta de 18h, eu pegava o Marcelo e o Murilo para irmos à Missa do Monsenhor Bianchini, lá na Igreja da Imaculada Conceição. Isso era questão fechada.

Esse ritual durou até o dia de 18 de setembro de 2004, quando se cancelou o almoço, pois o Marcelo começou a manifestar sintomas da sua doença, perdendo a sensibilidade nos membros inferiores.

Depois de uma dessas Missas de sábado, em que o Murilo não estava, eu e o Marcelo, que gostava muito de caminhar, fomos a pé ao Shopping Beiramar passear. Foi quando olhei para os sapatos dele e vi que estavam "meio acanhados", e falei: "Vamos comprar uns sapatos novos para ti, meu filho". Ele me disse: "Esses aqui ainda me servem". Disse isso com aquele espirito de docilidade, de tranquilidade, de firmeza e mansidão que lhe caracterizava. Aí eu insisti muito e lhe comprei um par de sapatos novos. Falei também que eu iria jogar fora os sapatos antigos, mas ele não me permitiu, dizendo: "Deixa que eu ainda vou fazer uso deles, pai".

Marcelo era cuidadoso e zeloso com os bens materiais.

O Marcelo era extremamente zeloso: cuidava muito bem das suas coisas. Eu já sou zeloso, mas o Marcelo era muito mais zeloso do que eu.

O seuelo e carinho pelas coisas manifestava-se principalmente com os seus livros. Os livros dele eram impecáveis. De forma alguma permitiria que um livro ficasse com "orelha de burro".

O Marcelo foi o nome da primeira turma de direito do IES. Por isso, doei uns quatro ou cinco livros para a sua biblioteca, cerca de dois anos após o falecimento do Marcelo, mesmo a contragosto da Leatrice e do Murilo.

Quando a bibliotecária viu os livros, comentou: "Meu Deus, esses livros já foram manuseados?". O Marcelo já os havia utilizado, como sempre com todo cuidado.[14]

Marcelo não se deixava levar por caprichos nas coisas materiais. Isso se manifestava também na sobriedade e na temperança. Seu amigo André Ghiggi relata o que observou das refeições do Marcelo no período de cerca de seis meses em que almoçaram juntos em quase todas as semanas:

> Nos nossos almoços, comia muito pouco, geralmente um punhado de arroz, um dedal de feijão, duas rodelas de tomate e um ínfimo pedaço de carne, lembro claramente; mesmo no período em que ele estava bem de saúde, confiante no sucesso do tratamento, seus pratos eram sempre assim, modestos, pareciam feitos para crianças, os quais

(14) Ibid.

contrastavam em muito com as minhas refeições substanciosas...[15]

É comovente o relato do pai acerca da conversa que tiveram sobre a decisão de Marcelo em optar pelo mestrado antes da Escola do Ministério Público de Santa Catarina.

> Mais uma vez, sua humildade, seu espírito de sacrifício, sua incapacidade de sobrepor-se às necessidades e possibilidades dos seus: Marcelo é filho de uma professora, por mais que tenha cargo de direção os ganhos são poucos; eu, na época, era um pousadeiro, ganhava dinheiro no verão pra gastar durante o ano. Um dia perguntei pra ele: "Já que você estava tão certo de que queria ser promotor, por que não fez como os outros seus colegas que saíram da faculdade e foram cursar a Escola do Ministério Público de Santa Catarina, em vez de fazer o mestrado?". E ele me respondeu: "Pai, o mestrado era de graça, e eu sabia que naquele momento não poderia pedir pra ti e para a mãe porque a escola era muito cara e vocês talvez não tivessem dinheiro para pagar, e eu não queria deixá-los constrangidos". Isso me marcou muito, porque ele poderia ter sido promotor havia muito mais tempo. Ele tinha esse senso de responsabilidade, de não querer constranger as pessoas.[16]

---

(15) NCS, p. 162.

(16) Ibid., pp. 115–116.

Dona Leatrice disse que várias pessoas se aproximaram dela no enterro do Marcelo para lhe manifestar o quanto ele lhes havia ajudado quando precisaram. Ela ficou sem saber se essa ajuda era realizada com seus conselhos ou com algum aporte financeiro, mas sem que os demais soubessem.

Santa Maria, Escrava do Senhor, totalmente humilde e desprendida, disposta a servir os demais, intercedei por nós para que sejamos bem-aventurados graças à pobreza de espírito.

Exame sobre a pobreza de espírito

1. Reconheço que todas as minhas virtudes e talentos são dons divinos? Cultivo a humildade pessoal e a gratidão para com Deus?

2. Busco o desprendimento em relação à minha imagem, honra, opiniões e prestígio? Como lido com as minhas fraquezas e limitações? Confio na misericórdia de Deus e evito o desânimo e o pessimismo diante das minhas quedas e pecados?

3. Coloco os talentos que Deus me concedeu a serviço dos outros, prescindindo do reconhecimento pessoal?

4. Confio na Providência Divina acima dos bens materiais? Preciso me desapegar de algo material para me aproximar mais de Deus?

5. Esforço-me constantemente para retificar minhas intenções, realizando todas as minhas ações por amor a Deus e para sua glória? Empenho-me em fazer bem todas as atividades e tarefas, mesmo as menos visíveis e agradáveis?

6. Contenho a tendência a buscar sucesso pessoal, reconhecimento alheio e satisfação individual em minhas ações?

7. Vivo a pobreza de espírito, mantendo-me desprendido das posses e das ambições materiais, e evitando que meu coração se fixe nos bens terrenos?

8. Administro os bens materiais com responsabilidade, tratando-os como se não fossem meus e

procurando maximizar sua durabilidade, bem como minimizar a necessidade de reparos ou substituições?

9. Procuro desapegar-me dos bens materiais? Evito criar falsas necessidades ou acumular itens supérfluos? Ofereço a Deus o sacrifício de não possuir certos bens desejados?

10. Evito queixas sobre a falta de bens básicos ou mesmo necessários? Busco economizar e sei me privar de algo material de vez em quando? Procuro não me deixar levar por caprichos na hora de fazer compras?

Coração manso e paciente

Bem-aventurados os mansos,
porque possuirão a terra.
— Mt 5, 5

Poucas vezes Jesus se coloca como exemplo de virtudes, daquelas qualidades que devemos adquirir na nossa vida cristã, embora seja o modelo perfeito por ser, além de perfeito Deus, perfeito homem. Certa vez, porém, talvez pela dificuldade de encontrarmos outros exemplos tão claros dessas qualidades, Ele quis se colocar como modelo de duas virtudes. Propôs: "Aprendei de mim que sou manso e humilde de coração" (Mt 11, 29).

Isso, inclusive, se tornou uma bela jaculatória, hoje dita por tantos cristãos: "Jesus, manso e humilde de coração, fazei meu coração semelhante ao vosso". Como é eficaz esse pedido! Pude observá-lo na vida de tantas pessoas! Quem o experimentar verá muitos frutos.

Essa mansidão de Jesus ficará patente em muitos episódios da sua vida, e um deles me chama muito a atenção. Dá-se quando Judas O vai trair, entregando-O com um beijo numa atitude carregada de hipocrisia.

Embora seja vítima, contudo, Jesus é muito cordial e manso na forma como fala com Judas: "Amigo, a que viestes?", "Judas, com um beijo...?!", e nisso mostra que está mais preocupado em recuperar Judas e tentar suscitar arrependimento em seu coração do que com a própria sorte. Ele sabe que aquela traição O levará à morte.

Ora, e isso não se dá apenas com Judas, mas também com Pedro, que o nega; com Tomé, que não acredita na Ressurreição enquanto Cristo não o deixa tocar seu corpo glorioso... Jesus mostra uma mansidão e uma paciência infinitas, não desistindo dos seus apóstolos e promovendo a conversão dos seus corações.

E há mais: além de nos deixar um exemplo maravilhoso de mansidão, Cristo nos animou a viver essa virtude, sobretudo, na segunda sentença do Sermão das Bem-aventuranças, quando proclamou "bem-aventurados os mansos, porque eles possuirão a terra" (Mt 5, 5). Aqui, Ele está resumindo uns versos muito belos do Salmo 37: "Renuncia à cólera e abandona o furor, não te irrites, porque só conseguirás fazer o mal [...]. Então, os mansos possuirão a terra. E se alegrarão numa paz imensa".

De fato, essa perda que a ira produz do controle de nossas atitudes e palavras provoca demasiado mal-estar tanto ao redor de nós mesmos quanto em nossos corações. Como passam mal as pessoas iradas, que por qualquer coisinha perdem o controle! Acabam percebendo, depois, o efeito da ira nelas mesmas: ficam furiosas por longo tempo e, depois, azedas, amargas, revoltadas com elas mesmas por terem sido fracas, por não terem se aguentado, por terem explodido.

Quando se diz que os mansos possuirão a terra, está se falando do principal domínio que devemos ter: o domínio do nosso coração. Os mansos são aqueles que têm a capacidade de dominar as próprias reações e conservar a paz de espírito. Como Jesus nos pede: "Que o vosso coração não se perturbe" (Jo 14, 1).

Após a sua conversão, Marcelo Câmara chegou a viver de forma maravilhosa a virtude cristã da mansidão. Mas, nesse aspecto, ele teve que mudar bastante de atitude e travar uma batalha de muitos anos contra a sua forma de agir. Sua colega de sala Maria Zoê comenta:

> A par das inquestionáveis capacidades intelectuais, Marcelo apresentava nesta época uma certa impaciência em expressar alguns posicionamentos. Ficaram em minha memória as discussões, muitas vezes um tanto exaltadas, com o professor de economia política, já que o docente era partidário das teorias marxistas abertamente rechaçadas pelo Marcelo.[1]

---

(1) NCS, p. 36, último parágrafo.

É o que se depreende também do depoimento de outro colega do direito, Samuel Naspolini:

> Conheci Marcelo Câmara em março de 1997, quando iniciávamos o curso de direito na UFSC. De certa forma, minhas impressões originais a respeito do colega viriam a manter-se nos anos seguintes: uma profunda admiração, não raro permeada por certas doses de espanto. A primeira imagem, contudo, não foi exatamente positiva. Extremamente fluente desde as primeiras semanas do curso, Marcelo envolvia-se em debates contundentes, externando opiniões com as quais não concordava.[2]

No entanto, depois da sua conversão no retiro do Movimento de Emaús, foi mudando de postura, o que foi claramente observado pelos seus colegas. Maria Zoê comenta:

> De fato, no segundo semestre, Marcelo voltou diferente. Nas conversas entre as aulas, passou a falar de Deus e da alegria que sentia ao ter descoberto um novo sentido para sua vida. Continuava com muito interesse e aptidão para os estudos, mas já não procurava impor aos outros as suas teses, optando por ouvir as razões alheias.[3] Samuel Naspolini também observou a mudança:

(2) Ibid., p. 37, §2º.

(3) Ibid., pp. 42–43.

Algo mudou no comportamento de meu novo amigo no segundo semestre de 1997. Suas ponderações nas disciplinas jurídicas prosseguiam, porém mais brandas. Já não se envolvia em debates de índole política. Aos poucos, quando necessário, e quase sempre enfrentando pontos de vista opostos de professores e colegas, Marcelo passou a defender posições que denotavam forte embasamento religioso de matiz católico. Não era proselitismo ou doutrinação. Eram pontos de vista bem embasados, trazidos para sala de aula em momentos nos quais a discussão jurídica e social, de alguma forma, tocava ou referia-se aos ensinamentos da Igreja.[4]

Durante alguns semestres integrou o PET, Programa de Educação Tutorial, um grupo de estudos avançados em âmbito acadêmico. Sua atuação nesse programa sempre foi muito mansa:

Presenciei Marcelo discorrer e debater, por várias vezes, textos complexos com colegas mais experientes. Admiravelmente, nunca entrecortou seus argumentos com ataques pessoais contra um eventual debatedor. Dotado de vasta cultura jurídica e humanística, nunca o vi desmerecer ou debochar de colegas ou professores que pensavam de modo diferente. Conseguia aliar honestidade intelectual

(4) Ibid., p. 43, §2º

e objetividade argumentativa com um profundo respeito à pessoa. Nunca deixou de expressar suas convicções, ainda que minoritárias, e nunca ofendeu quem quer que pensasse diferente.[5]

Certa vez, conversando sobre a atuação do Marcelo na Associação Marcelo Câmara, uma pessoa comentou: "Sabe por que ninguém se sentia atingido quando o Marcelo Câmara discordava da sua opinião? Porque ele nunca atacava a pessoa, sempre defendia as suas ideias de forma ponderada, sem a necessidade de atacar o outro".

A mansidão do Marcelo brotava em boa parte da imensa compreensão que tinha dos demais, sobretudo em temas que eram opináveis. Ele também tinha um coração misericordioso, que o levava a ter compaixão pelas pessoas que agiam mal, e um profundo respeito por cada pessoa, considerada sempre uma filha de Deus e alguém por quem Jesus tinha derramado o seu sangue redentor na Cruz. Penso que todos esses motivos se uniam para que Marcelo não perdesse a paciência com os outros e lutasse interiormente para desculpar os demais.

Certa vez, fui ao hospital em que Marcelo estava internado para atendê-lo espiritualmente, já mais próximo da sua morte. Enquanto conversávamos sozinhos no quarto — a sua família aguardava do lado de

---

(5) NCS, p. 89, §2º.

fora —, percebi que, enquanto falava comigo, Marcelinho começou a ter dificuldades para falar e sua boca começou a repuxar. Pedi licença e saí imediata e discretamente para chamar a enfermeira, mas sem deixar o Marcelo mais preocupado ainda. Encontrei-me com o seu pai, que estranhou que eu saísse tão rápido do quarto. Disse-lhe que o Marcelo não estava muito bem e que ia chamar a enfermeira. O senhor Júlio, movido pela preocupação pelo estado de saúde do Marcelo, entrou no quarto falando bem alto: "Marcelo, que está acontecendo?". E o Marcelinho, com uma enorme paciência, foi tentando acalmar o seu pai: "Pai, não há de ser nada... Fique calmo". Impressionou-me muito a sua mansidão; ele se deixava mover pela compreensão mesmo quando passava mal.

Ainda nesse âmbito, os depoimentos das pessoas sobre o Marcelo são unânimes em dizer que ele era incapaz de falar mal de alguém. Eu mesmo nunca ouvi o Marcelo fazer uma crítica pessoal. Muitas outras pessoas me diziam: "O Marcelo é incapaz de falar mal de quem quer que seja". Vivia com heroicidade a virtude da mansidão, de forma verdadeiramente impressionante. "Uma pessoa que nunca, nunca, nunca tenha falado mal dos outros poderia ser canonizada imediatamente, sem sequer necessidade do milagre", disse o papa Francisco numa homilia a 11 de setembro de 2015. E isso se aplica perfeitamente a Marcelinho."[6]

---

(6) Papa Francisco, homilia na Casa Santa Marta do dia 11 de setembro de 2015.

Outro episódio interessante a esse respeito é narrado por sua amiga Denise Furtado, com quem Marcelinho ficou encarregado, durante algum tempo, da edição do jornal do Movimento de Emaús, em Florianópolis. Denise conta um fato marcante que demonstra o senhorio do Marcelo e a imensa mansidão que ia adquirindo:

> Na segunda edição do jornalzinho, o Monsenhor [Bianchini] se enganou e acusou lá na frente, durante uma escolinha de chegada de retiro, que nós havíamos cometido um erro terrível de língua portuguesa naquela edição. Eu fiquei furiosa, porque quem cometera o erro fora o monsenhor. Fui atrás do Marcelo com os nervos à flor da pele e fiquei pasma: ele estava calmo e simplesmente sorriu. Isso para mostrar como ele era forte. E a minha reação deixava mais evidente a força que ele tinha. A alma que não se deixava abalar...[7]

Muitas pessoas entendem mal a mansidão: confundem-na com o descaso, com o não defender as próprias opiniões, ou mesmo com o "ficar na sua", ainda que percebam que algo não vai bem na família, no trabalho ou na sociedade. O servo de Deus Marcelo Câmara não atuava dessa forma, mas, ao contrário, procurava corrigir o que estava errado de forma positiva e animadora. Sentia-se responsável por

---

 (7) NCS, p. 56, §1º.

buscar a santidade dos demais, seus irmãos na fé. Em uma palestra, ele fez o seguinte comentário:

> Não esqueçam a sabedoria que vem do Pentateuco: Caim, depois de matar Abel, indaga ironicamente ao bom Deus: "Sou eu por acaso o vigia do meu irmão?". Queridos: nós somos, sim, "vigias" uns dos outros, para que ninguém se perca, mas tenha em Cristo vida![8]

Conto dois relatos em que Marcelinho interveio para garantir que o ambiente melhorasse, não permitindo que continuassem com uma atitude prejudicial ao grupo em que se encontrava.

Durante uma confraternização em um seminário do Emaús, Marcelo ficou sabendo que alguns jovens haviam ingerido bebida alcoólica em excesso e passado mal. Na oportunidade seguinte, Marcelinho, que era líder de um dos grupos de jovens dali, sentiu-se na obrigação de advertir os outros jovens do erro. Tomando a palavra, se pronunciou:

> Irmãos de Emaús! Que seminário maravilhoso, não? Agora, creio que, sem sombra de qualquer dúvida, não deveria haver sido liberada a bebida alcoólica. Exceto, é claro, um pouco de vinho durante as refeições. No mais, é absolutamente desaconselhável o consumo de álcool em um evento

(8) RP, n. 49.

católico nos moldes de um Seminário Nacional de Emaús. Não me venham com essa de "alegria do jovem", "confraternização", "é normal em ambiente jovem"... Isto é desculpa mundana! "Não vos conformeis com a mentalidade deste mundo!", nos ensinou São Paulo. Seja, jovem cristão, diferente do jovem do mundo. Do que vale ao cristão se equiparar ao pagão? Meus queridos, a verdadeira alegria do jovem cristão dispensa, dispensa para valer, o uso do álcool e de músicas profanas. [Penso que, por "música profana", Marcelinho estivesse se referindo a músicas indecentes].

Nas reuniões de Igreja não se pode ter outra postura perante o álcool senão desaconselhar com firmeza o consumo. Eu digo, meus queridos, que basta um de nós ter se excedido para que toda a comunidade fraternalmente se entristeça, posto que somos nós um só corpo.[9]

A outra correção ocorreu, certa vez, quando viajava para Curitiba com um grupo de amigos para terem direção espiritual com um sacerdote do Opus Dei. Os que estavam no mesmo carro, depois de terem rezado o terço e feito outras práticas de piedade

(9) NCS, p. 54, §2º. Esse fato ocorreu por ocasião do Movimento das Comunidades Missionárias de Emaús, em 27 de julho de 2000. Importa reforçar que Marcelo não era contrário às bebidas alcoólicas em si mesmas — que não são más — e que nem há pecado algum em consumi-las moderadamente. A insurgência demonstra que no seminário em questão houve excessos que não foram controlados e que aqueles jovens, portanto, haviam dado mau exemplo aos jovens de todo o país.

juntos, começaram a conversar e a contar piadas. De repente, o nível moral das piadas começou a cair, e Marcelo interveio imediatamente, dizendo que, se não se elevasse o nível das piadas, seria melhor parar de contá-las.[10]

Não é normal que um filho corrija seus pais, mas o Marcelo foi adquirindo tal formação e tal autoridade na família em razão de seu comportamento maduro que seus pais o ouviam com muito gosto.

Vejam os relatos deles, que tinham muito que lutar por não se deixarem levar pela ira. Dona Leatrice comenta:

> Às vezes eu saía atrasada [de casa], um carro me dava uma fechada e eu ia atrás, corria e fazia a mesma coisa. Ele me dizia: "Não faz isso, mãezinha. Vamos fazer o seguinte: vamos rezar uma Ave-Maria por ele, para que Deus ilumine os caminhos dele e faça-o ser uma pessoa melhor". Com essa maneira de ser eu até parei de perseguir os outros, e hoje rezo uma Ave-Maria no trânsito quando alguém me prejudica.[11]

Sua colega Maria Zoê percebeu que Marcelinho encontrara um jeito muito bonito para advertir as pessoas sempre que estivessem prestes a agir mal. Cheio de delicadeza e caridade, dizia: "Isso não convém", certamente inspirando-se no ensinamento de São Paulo:

---

(10) Ibid., p. 110, §4º.

(11) Ibid., pp. 105–106.

"Tudo me é permitido, mas nem tudo me convém" (1 Cor 6, 12).[12]

Certa vez, no início de um mês de novembro, eu estava indo de carro com o senhor Júlio ao cemitério, a fim de rezar diante do túmulo de Marcelo Câmara. Foi quando ele me confidenciou, com um santo orgulho do seu filho: "Padre Flávio, sabe que o Marcelo às vezes me corrigia? Como o senhor deve ter percebido, eu tenho a 'boca suja', e quando eu soltava um palavrão mais pesado, o Marcelo me dizia: 'Pai, isso não convém'".

Termino com um depoimento de Murilo, que revela muito da mansidão do irmão Marcelo:

> Meu irmão para mim é um fenômeno, uma pessoa totalmente fora do comum. Amigo, companheiro, confidente, sincero, tudo. Podia até não concordar contigo, mas não te deixava sem resposta, sempre com muito carinho, com muito amor, tanto para brigar quanto para acariciar. Ele foi muito especial para mim, e sinto a presença dele até hoje. Ele me compreendia, me aceitava, queria que eu fosse uma pessoa melhor, por se doar, por ser meu amigo. Ele me conhecia muito bem, muito bem, mais do que meus pais. Sempre foi assim. O Marcelo me conhecia e sabia lidar comigo perfeitamente. Continuo sentindo demais a presença dele, principalmente nos meus erros.[13]

---

(12) Cf. ibid., pp. 65–66.

 (13) Ibid., pp. 29–30.

Espero que essa meditação sobre a mansidão do Marcelo Câmara nos sirva, a todos, para revermos a nossa atuação e a tirarmos alguns propósitos de viver melhor a mansidão, procurando seguir o exemplo de Cristo, como o Marcelinho tanto se empenhou.

Chamamos Nossa Senhora, na Salve-rainha, de "vida, doçura, esperança nossa". Se ela é chamada "doçura", isso se deve à sua imensa mansidão. Recorramos a ela para descobrir cada dia mais a bem-aventurança de sermos mansos.

Exame sobre a mansidão e a paciência

1. Os exemplos de mansidão do Marcelinho me animam a mudar atitudes e comportamentos agressivos? Reconheço em mim reações de ira, atitudes violentas ou grosseiras, e procuro combatê-las?

2. Consigo manter a calma e a serenidade em situações de conflito? Estou disposto a imitar Jesus na sua paciência com os apóstolos? Procuro transformar as irritações e impaciências em motivo para ajudar os outros com bom exemplo, oportuna correção fraterna e oração?

3. Mantenho a paz de espírito, fundamental para viver a presença de Deus e tratar as pessoas com carinho? Ou qualquer coisa me tira do sério e me faz perder a serenidade?

4. Procuro expor minhas opiniões com educação e caridade frente às pessoas que pensam diferente? Evito falar mal dos outros e fazer críticas destrutivas?

5. Tenho a capacidade de escutar com atenção os argumentos do próximo, dando a oportunidade para que se explique e defendam suas opiniões e pensamentos? Mantenho a paciência e a compreensão?

6. Frente às situações difíceis e às contrariedades, tenho conseguido manter o silêncio, mortificando o meu orgulho ferido? Sei dobrar a irritação dos demais com uma resposta mansa e serena diante das suas reações iradas?

7. Perdoo rapidamente as ofensas ou desfeitas que sofri, ou fico "curtindo" as recordações dos erros e pecados dos demais com relação a mim?

8. Estou crescendo na virtude da paciência? Sou capaz de conservar o bom humor depois de um dia cansativo, manter-me sereno depois de um fracasso e reagir bem diante de uma contradição ou doença?

9. Procuro cortar as queixas sobre as injustiças que sofro, sobre os defeitos dos outros, ou ainda quando o tempo está apertado ou tenho que fazer algo de que não gosto? Aceito com bom humor as brincadeiras que fazem comigo e evito as explosões com os outros?

10. Diante dos defeitos dos outros, procuro ter uma reação cristã, isto é, preocupar-me com a pessoa que teve uma má reação, rezar por ela e ajudá-la a mudar com conselhos oportunos e cheios de carinho?

Coração faminto e sedento da graça de Deus

Bem-aventurados os que têm fome e sede de justiça, porque serão saciados.
— Mt 5, 6

Nosso Senhor Jesus Cristo, ao se encarnar, torna-se caminho, verdade e vida. É caminho para irmos para o Pai, caminho que nos conduz à santidade em vida. É verdade que revela Deus e o homem ao próprio homem, aquilo que nos realiza profundamente e nos torna felizes. É vida a ser vivida, de tal forma que Jesus viva em nós pelo amor.

Jesus vem ao mundo para nos livrar do mal e nos perdoar do pecado. Todavia, vai ainda além: com as suas palavras, seu exemplo de vida e, principalmente, com os sacramentos, Ele nos conduz à santidade.

O servo de Deus Marcelo Henrique Câmara tinha muito claro o ideal da santidade que Cristo propõe a todos os batizados. Dizia com simplicidade e força: "A santidade que nos é pedida pelo Senhor".[1] E ele mesmo se propôs a ser santo.

Apoiando-se no relato do Livro do Gênesis sobre a criação do homem, argumentava: "A dignidade humana reclama santidade, visto que o homem é feito à imagem e semelhança de Deus, que é Santo, Santo, Santo, Senhor Deus do Universo".[2] E explicava que esse pedido é para todos os cristãos:

> De maneira taxativa, Jesus discursa e [...] diz que o chamado à santidade é chamado para todos nós, não é coisa apenas para aqueles que um dia serão objeto de um processo de canonização ou de beatificação, não. É para todo e qualquer cristão, para todo aquele que crê e confessa Jesus Cristo como o seu Senhor e Salvador, alimenta-se da graça que brota dos sacramentos da Igreja e, de maneira fiel, trata de fazer com que sua vida transpareça a presença de Cristo.[3]

E ainda: "Todos são chamados, ainda que grandes sinais — poderíamos dizer sinais extraordinários — apenas se manifestem a alguns — manifesta-se, assim, o dom gratuito feito a todos".[4]

---

(1) NCS, pp. 100-101.

(2) RP, n. 216.

(3) Ibid., n. 221.

(4) Ibid., n. 218.

Como podemos observar, Marcelinho havia também lido e assimilado muito bem os escritos de São Josemaria em que o fundador do Opus Dei recordava a frase de Cristo dita a todos os que O escutavam: "Sede perfeitos como o vosso Pai Celestial é perfeito" (Mt 5, 48); e também a de São Paulo: "Esta é a vontade de Deus: a vossa santificação" (1 Ts 4, 3).

Uma vez que nunca seremos perfeitos como Deus, essa não poderá ser uma perfeição absoluta, e sim uma perfeição do amor, daqueles que procuram ser bons filhos de Deus fazendo as coisas com a maior perfeição possível, dentro das próprias circunstâncias e limitações. É a perfeição dos homens e mulheres que buscam fazer tudo por amor a Deus. Dos que dão o melhor de si a Ele e aos demais.

Marcelinho tinha fome e sede de "justiça", conforme ensina a bem-aventurança enunciada por Cristo: "Bem-aventurados os que têm fome e sede de justiça, pois serão saciados". Como "justiça", no vocabulário bíblico, significa "santidade", são bem-aventurados os que têm fome e sede de santidade.

Eis o que Marcelo afirmava sobre os bem-aventurados, entre eles São Paulo Apóstolo:

> Alguns bem-aventurados abrem-se de tal forma a Cristo que são capazes de afirmar, em um testemunho cristão sem igual, que sua relação com Ele já tomou conta de todo o seu viver: "Eu vivo, mas já não sou eu; é Cristo quem vive em mim. A minha vida presente, na carne, eu a vivo na fé

do Filho de Deus, que me amou e se entregou por mim" (Gl 2, 20).[5]

Trata-se de uma santidade que não precisa ser ruidosa e aparatosa, mas simples e concreta. Esse era o segredo da santidade proposta por São Josemaria no livro *Caminho:* "Queres de verdade ser santo? Cumpre o pequeno dever de cada momento; faz o que deves e está no que fazes".[6]

Cada um cumpre a própria missão no mundo quando coloca seus talentos para corresponder à vocação que Deus lhe dá: vocação à santidade, vocação à oração, vocação ao apostolado na família, com os amigos, na sociedade como um todo. Marcelinho comenta: "Assim sendo, cada qual, com seus dons, atua positivamente na construção da Igreja, seja com doutrina, seja com testemunhos, todos em Cristo. Cada um de nós, portanto, com seus talentos, é chamado à santidade e à edificação do reino".[7]

Como já consideramos, o servo de Deus Marcelo Henrique Câmara se apoiava totalmente na graça de Deus para progredir na vida cristã. Profundamente sedento da graça de Deus, procurava beber das suas fontes. Jesus já havia dito, afinal: "Quem tem sede, venha a mim e beba" (Jo 7, 37). E o profeta Isaías: "Bebereis com alegria do manancial da salvação" (Is 12, 3).

---

(5) Ibid., n. 220.

(6) São Josemaria Escrivá, *Caminho*, n. 815.

(7) RP, n. 217.

As duas principais fontes da graça que jorram do manancial da salvação, que é o próprio Cristo, são: a fonte dos sacramentos e a fonte da oração.

Em uma entrevista concedida ao programa *Vem Viver Emaús*, em 10 de agosto de 2002, Marcelinho deixou clara a sua consciência acerca da riqueza da vida sacramental e da importância da oração na trajetória de santificação de todo cristão:

> No dom da eucaristia, Jesus nos ama tanto que quer fazer-se um conosco. Existe realidade mais encantadora do que esta? [...]
>
> Outro dom sublime da parte dele é a confissão. Como é bom uma confissão bem feita, como é bom buscá-la com frequência, como é bom andar com a consciência limpa, não propriamente em função dos nossos esforços, mas pelo perdão que Deus comunica à nossa consciência [...]. Uma confissão frequente é fonte de felicidade e de comunhão com Deus. A vida sacramental é fundamental. Sem ela, como se comunicaria a graça de Deus a cada um de nós?
>
> Isto tudo nos desperta para a realidade da oração. Uma oração diária, constante.
>
> Eu gosto de fazê-la e recomendo que se faça no início do dia, para que o dia se dê todo na presença do Senhor. Não ore só para si, não pense só em seus problemas, pense na Igreja toda, ore pela Igreja toda, ore por aquelas causas nas quais você não pode propriamente interferir, mas pelas quais

você pode firmemente rezar e rogar a Deus porque Ele tudo pode, Ele pode tudo. A Deus nada é impossível. Essas coisas todas precisam fazer parte do nosso cotidiano, nos levam à santidade, santidade que nos é pedida pelo Senhor: "Sede santos como vosso Pai Celeste é santo".[8]

Dentre todos os sacramentos, o principal sem dúvida é a Santíssima Eucaristia, porque ali se encontra o autor e a própria fonte da graça.

Marcelo possuía um amor imenso por Jesus Eucarístico, uma devoção que o envolveu profundamente. Ele se apaixonou pelo Santíssimo Sacramento, e essa paixão moldou sua vida espiritual. Marcelo vivia pela Eucaristia, acolhendo o Corpo e Sangue, Alma e Divindade do Senhor como o alimento essencial para sua vida espiritual e permitindo que a presença real de Cristo o transformasse.

No Movimento de Emaús, Marcelo foi frequentemente convidado a falar aos jovens cursistas sobre a Eucaristia, abordando o tema com uma vibração e fervor contagiantes. A seguir, apresento alguns trechos dessas palestras que evidenciam seu profundo amor e devoção ao Santíssimo Sacramento.

> Fico muito feliz porque vim falar a vocês da realidade mais repleta de amor ao outro, de esquecimento de si mesmo que se pode imaginar.

---

(8) NCS, pp. 100–101.

> A realidade de um amor transbordante que se revela com uma clareza tamanha que chega a ser algo espantoso. Uma realidade que só pode ser bem compreendida quando nós notamos que somos amados, profundamente amados *in extremis* por alguém que pode amar de modo enlouquecido e, em função deste amor enlouquecido, pode fazer coisas que, do ponto de vista meramente humano, não seriam concebíveis. É algo que transcende. É algo que só pode se realizar por alguém que muito ama, e que só pode ser compreendido por alguém que se sabe profundamente amado. Eu vim falar da Eucaristia.[9]

À luz da sua fala e do modo ardente como buscava diariamente o Santíssimo Sacramento, é preciso reconhecer que Marcelo compreendeu muito cedo o que significava a presença real de Cristo na hóstia consagrada. São palavras suas:

> Na Eucaristia está aquele Jesus que Maria deu à luz, que os pastores encontraram em um presépio, que Maria e José viram crescer sob seus olhos; aquele Jesus que fascinava e instruía as multidões, que se declarou luz e vida do mundo, que para salvar os homens morreu na Cruz; aquele Jesus que apareceu ressuscitado aos apóstolos e em cujas chagas Tomé colocou os dedos; Jesus que subiu aos Céus, que agora senta-se glorioso à direita do

(9) Ibid., pp. 130–131.

Pai e que, junto dEle, envia o seu Espírito Santo aos que crerem.[10]

Jesus do início ao fim da sua existência a faz plena de um esvaziamento inefável, de um esvaziamento indizível. Ao nascer, ao morrer, Jesus é todo doação. Fato é, meus queridos, que esse Senhor que só sabe se esvaziar quis eternizar-se entre nós, quis ficar entre nós e quis fazê-lo para sempre, quis fazê-lo de modo definitivo.[11]

É este o sacramento através do qual Jesus permanece conosco. É o sacramento através do qual Jesus responde àquele nosso convite — *Mane nobiscum, Domine*, "fica conosco, Senhor!". É o sacramento através do qual Ele cumpre uma promessa: "Eis que estarei convosco todos os dias". Deus não se engana e não nos engana. Ele é absolutamente fiel a tudo o que diz.[12]

Gratidão por um Deus que nos ama, que nos diz que nos ama e que vem morar na gente, sobretudo através do dom mais sublime que Ele nos oferta, que Ele nos oferece a cada Santa Missa, que é o dom da Eucaristia — a presença do Filho dEle em cada um de nós.[13]

---

(10) Ibid., p. 75, §3º, citando Padre Gabriel de Santa Maria Madalena, *Intimidad divina*. Burgos: Editora Monte Carmelo, 1976, p. 849.

(11) RP, n. 98.

(12) NCS, p. 75, §1º.

 (13) RP, n. 62.

> Aos olhos humanos, incompreensível; aos olhos da fé, perfeitamente compreensível. E como uma vida que tenha noção dessas coisas pode não se converter, pode não se transformar, pode não se modificar radicalmente?[14]

Tendo se tornado um fiel de Missa diária, no ano 2000 foi convidado pelo seu pároco, o Padre Márcio Vignolli, a exercer o Ministério Extraordinário da Sagrada Comunhão. O pároco percebia o seu amor pela Santíssima Eucaristia e deixou-nos o seguinte depoimento:

> Outra nota característica de Marcelo era o amor à Eucaristia celebrada, comungada e adorada. Nas quintas-feiras de adoração, era sempre comum vê-lo adorando o Santíssimo, mesmo que tivesse muitos compromissos com sua faculdade, seus estudos. Notando nele esse "ser eucarístico", convidei-o para ser Ministro Extraordinário da Sagrada Comunhão. Ele foi nosso mais jovem ministro.[15]

Na biografia de Marcelinho, Maria Zoê comenta:

> A participação da Santa Missa era para ele, de fato, um momento sublime, solene ao extremo, encontro do tempo com a eternidade. Marcelo mergulhava no mistério com todo o seu ser, e isto era

(14) Ibid., n. 103.

(15) NCS, p. 81, §3º.

até mesmo perceptível às pessoas à sua volta, como relembra Felipe Cardoso: "Lembro que em uma Missa, certa vez, eu fiquei ao seu lado, e em determinados momentos eu prestava mais atenção nele do que no padre, pois ele estava recitando algumas palavras em voz baixa e eu tentava ouvir. Não sei explicar, mas era muito bom ficar perto dele. Ele refletia paz, felicidade".

A amiga Zélia Dal Castel também ficava maravilhada com o trato íntimo e intenso do Marcelo com Nosso Senhor na Sagrada Eucaristia: "Lembrança inesquecível era a sua postura durante a Missa do Emaús na Imaculada Conceição. 'Nossos lugares' habituais ficavam próximos (na frente, na lateral à direita), e eu admirava a sua devoção, principalmente ao comungar e adorar. Era contagiante, e me impelia a seguir seu exemplo, percebendo o seu 'mergulho' no mistério eucarístico de amor".[16]

No sacrifício maior de Cristo, na sua entrega total por amor a nós, Marcelo se fortalecia. São Palavras do Catecismo da Igreja: "A Eucaristia é o coração e o ápice da vida da Igreja, pois nela Cristo associa sua Igreja e todos os seus membros a seu sacrifício de louvor e de ação de graças oferecido uma vez por todas na cruz a seu Pai; por seu sacrifício ele derrama as graças da salvação sobre o seu corpo, que é a Igreja".[17]

---

(16) Ibid., pp. 75–76.

(17) Catecismo da Igreja Católica, n. 1407.

> Gostaria de registrar as palavras dele antes da Missa que celebramos no domingo seguinte ao de sua internação (no dia 26 de setembro de 2004, portanto), em seu próprio quarto de hospital. Tendo sido um desejo manifesto dele, não medimos esforços para tentar realizá-lo, e assim o fizemos. Preparamos todas as alfaias, e o Monsenhor Francisco de Sales Bianchini presidiu a celebração inusitada, num quarto de hospital, sendo o altar a mesinha das refeições.
>
> Qual não foi nossa surpresa quando, antes que a Missa se iniciasse, Marcelo pediu a palavra e disse, literalmente: "Meus queridos, quero lhes dizer que esta mesinha — a das refeições — não tem a noção de que receberá em seguida a maior dignidade que lhe é possível, e dizer também que desejo associar o meu sacrifício ao de Cristo, que se renovará neste altar [...]".[18]

Ele tinha uma profundíssima devoção ao Santíssimo Sacramento. Marcelo era fiel de Missa diária e, com a abrupta internação (naquele momento, no Hospital Governador Celso Ramos), perdeu a oportunidade de participar diariamente da atualização do santo sacrifício de Cristo no altar.

Quando já estava hospitalizado, recebia com frequência a comunhão eucarística. Uma ministra da Sagrada Comunhão chamada Denise comentava:

---

(18) NCS, p. 135, §1º.

> Já levei muitas vezes Jesus Eucarístico a muitas pessoas nos hospitais e em suas casas. Levei, também, algumas vezes para o Marcelinho enquanto hospitalizado. A imensa diferença entre entregar a Eucaristia a ele e às outras pessoas era uma única: eu tinha e tenho a absoluta certeza de que, quando eu entrava no seu quarto, não era a mim que ele enxergava. Eles já eram tão íntimos que ele sabia que mais uma vez o amor estava indo ao seu encontro. Que mais uma vez Jesus o visitava. Nesses momentos a visita nunca foi minha. E, antes e depois da comunhão, sempre, o quarto estava cheio de um silêncio de amor![19]

Seu amigo Klaus, que à época era também Ministro Extraordinário da Sagrada Comunhão, passou a levar-lhe a comunhão diariamente por quase seis meses, até quando as condições clínicas de Marcelinho o impediram de receber visitas diárias. Merece destaque o registro destes encontros cotidianos:

> Antes, a alegria que demonstrava por poder receber o Cristo Sacramentado era indizível. Aguardava diariamente por aquele momento, e regozijava-se e sorria intensamente por poder desfrutar da presença real de seu Senhor e Deus. Em muitas vezes dizia-me, literalmente, antes de iniciarmos o rito

(19) Ibid., p. 137, §1º.

> da Sagrada Comunhão fora da Missa: "Amigo, tu me permites adorar um pouquinho?". E, a partir do ritual romano da Sagrada Comunhão e culto do mistério eucarístico fora da Missa, fazíamos a constante leitura dos conhecidos hinos eucarísticos de São Tomás de Aquino, para deleite de alma do Marcelo. Repito, ele sempre insistia, e sempre de forma muito polida e reservada, que o fizéssemos [adorar e ler algum hino antes do rito da comunhão em si]. Sempre quis eu ter a fé e o amor eucarísticos que Marcelo naturalmente tinha e transmitia. [Era] uma piedade eucarística que, com toda a minha sinceridade, nunca vi sequer em ministros ordenados que eu tenha conhecido. Hoje, rogo a Deus, por sua intercessão, para que a aumente em mim. [Estou] como que a ouvir as mesmas palavras dele, que ainda ecoam em meus ouvidos, mas de um modo levemente diferente: "Amigo, tu te permites adorar um pouquinho?".[20]

Um episódio interessante ocorreu quando o Marcelo esteve internado no Hospital Nossa Senhora das Graças em Curitiba. O Doutor Kubrusly tentou conseguir para ele um quarto muito bom, uma suíte, para que ele ficasse internado, mas não foi possível: coube-lhe um quarto um pouco pior. Quando o Doutor Kubrusly pediu desculpas por não ter conseguido um quarto tão bom, Marcelinho disse: "Como não? Olhe

(20) Ibid., p. 136, §2º.

para a janela do quarto. Daqui eu posso avistar a torre da igreja, e todas as vezes que os sinos tocam, faço uma comunhão espiritual. Já fiz muitíssimas. Esse é o melhor quarto".

A mesma sede de santidade que o levava a comungar frequentemente o conduzia ao confessionário com humildade e confiança. Marcelo buscava confessar-se com frequência, não apenas por dever, mas por amor: por querer amar mais e melhor, por querer corresponder com generosidade ao amor de Cristo.

Padre Vânio destaca que essa sede de santidade o fazia olhar para a confissão como um dom precioso, uma ponte segura entre a fraqueza humana e a misericórdia divina:

> Conheci o querido Marcelo Câmara quando cheguei para ser pároco nos Ingleses, e antes também, quando era seminarista ainda, sempre o vi como um catequista muito zeloso, muito dedicado, que cultivava uma alegria muito grande, uma capacidade imensa de atenção, de simpatia, de caridade para com as outras pessoas. Mostrou-se sempre muito solícito para com a paróquia e suas necessidades, ajudou muito na evangelização de vários jovens através da sua palavra, do espírito de oração, do seu testemunho. Sempre me impressionou também a forma como se confessava, com muita confiança na misericórdia de Deus, procurando examinar realmente a sua vida, e sempre manifestando muita alegria de estar no caminho que ele

sabia ser o caminho do seguimento de Jesus, que leva à santidade.[21]

A amiga Denise recorda que viu o Marcelo chorar uma única vez, ajoelhado na Capela da Igreja de São Sebastião, justamente após uma confissão: "Jamais presenciei alguém chorando tanto após se confessar",[22] afirma. Era um sinal da intensidade e seriedade com que vivia o sacramento da reconciliação.

Da mesma forma como se aproximava com frequência dos sacramentos da Eucaristia e da reconciliação, Marcelo cultivava com zelo uma vida interior alimentada pela oração constante.

Empenhava-se com todo o coração para cumprir com devoção um plano de vida espiritual composto de Missa e comunhão diárias, direção espiritual e confissão semanal, duas meias horas de oração por dia, visita ao Santíssimo Sacramento, terço, e outras práticas de piedade.[23] Marcelo sempre se empenhava por fazê-las com amor.

Ia também nutrindo o desejo de estar a sós com o Senhor ao longo do seu dia, em meio às tantas tarefas da rotina. Desejava crescer no amor, ter mais presença de Deus. As práticas espirituais a que se propôs como supernumerário do Opus Dei (e que fizeram parte em maior ou menor intensidade da vida dos santos reconhecidos

---

(21) Ibid., p. 88, §4º.
(22) Ibid., p. 89, §2º.
(23) Ibid., p. 104, §2º.

pela Igreja) tornaram-se o local do encontro com alguém que se ama, fonte da paz e da alegria que ele irradiava em meio às suas ocupações comuns. O compromisso com o seu plano de vida espiritual era uma questão de amor, de querer e de necessitar estar com Deus. Tratava-se de um momento de esvaziar-se de si mesmo para encher-se de Deus.

É a mãe, Leatrice, quem descreve a rotina de oração e de trabalho do Marcelo, após o despertar:

> Vinha para a sala, sentava no sofá e fazia as orações, as leituras. Acordava sempre uma hora antes dos compromissos para poder realizar o seu ritual de oração. Depois tomava o café e ia fazer o que tinha que ser feito. Todos os dias ele ia à Missa: ou às 6h30 da manhã, na Trindade, ou às 17h, no asilo Dom Joaquim. Inclusive hoje eu estou tentando ir à Missa todos os dias no asilo, pois me sinto muito bem naquela igreja; parece que sinto a presença dele. À noite ele jantava, tomava banho, lia alguma coisa do serviço dele, depois sentava no sofá e ficava mais ou menos uma hora fazendo as suas orações.[24]

É preciso destacar que nutria, também, uma devoção filial à Virgem Maria. Essa devoção era perceptível na fidelidade e na confiança com que entregava suas angústias, seus projetos e suas conquistas à Maria por meio da oração diária do terço. Era o terço, a

(24) Ibid., p. 105, §3º.

propósito, que Marcelo muitas vezes propunha à sua mãe rezar quando iam para o centro de carro...

Confortador é o testemunho de João Evaristo Debiasi acerca da devoção com que Marcelo recitou o terço no primeiro retiro do Opus Dei em que ambos se encontraram. O impacto que isso causou em sua vida foi duradouro:

> Num dos dias do retiro, Marcelo foi quem puxou o terço, e ele o fez com muita caridade, muita concentração, de forma pausada e sem ser cansativo — pudera, havia anos que eu não rezava um terço, acho que nem sabia como fazê-lo —, e sua voz era bastante serena e... passou num instante. Logo depois eu pensei: "Puxa, quero saber rezar assim!". Nunca disse isso para ele... Bom, o fato é que até hoje, quando o momento não permite que eu reze o terço em voz alta, sabe que a voz que eu ouço "puxando" o terço não é a minha? Quando estou atribulado, no meio da correria diária, mas sei que preciso parar um pouco para rezar ou meditar o terço, é a voz do Marcelo que me vem à mente. Sou grato por isso, e, quando encontro alguma dificuldade em seguir com alguma prática de piedade ou algo assim, eu penso: "Como é que será que o Marcelo faria?". É isso... Daí acaba saindo.[25]

(25) Ibid., p. 107, §2º.

Marcelo soube encontrar o olhar de Nossa Senhora por detrás da simples e aparente repetição de frases do terço. Como dizia São João Paulo II:

> O rosário promove "o amor de Cristo, que ultrapassa todo o conhecimento" (cf. Ef 3, 19), oferecendo o "segredo" para se abrir mais facilmente a um conhecimento profundo e empenhado de Cristo. Digamos que é o caminho de Maria. É o caminho do exemplo da Virgem de Nazaré, mulher de fé, de silêncio e de escuta.[26]

(26) Ibid., p. 108, §3º

Exame sobre a vida interior e sacramental

1. Como tenho vivido o primeiro mandamento: "Amarás o Senhor teu Deus com todo o teu coração, com toda a tua alma, com todo o teu entendimento e com todas as tuas forças"?

2. Percebo que as práticas de piedade são a melhor forma de concretizar o meu amor a Deus? Procuro beber nos principais mananciais da graça de Deus, que são os sacramentos e as orações?

3. Evito a rotina nas minhas práticas de piedade, como a Missa e o terço, procurando aproveitar ao máximo essas fontes de graça? Procuro ser profundo e sincero nas minhas orações? Renovo o meu amor a Deus ao participar dessas práticas de piedade?

4. Sou pontual em minhas práticas espirituais e no cumprimento do meu plano de vida? Tenho um horário definido para essas práticas e me empenho por segui-lo fielmente?

5. Peço a Deus a graça de manter a atenção e combater as distrações durante as minhas orações e leituras espirituais? Recorro à intercessão de Nossa Senhora para crescer em fé, humildade e devoção através das práticas de piedade?

6. Recordo o significado de cada prática de piedade, visando a sinceridade e o aproveitamento das minhas práticas espirituais?

7. Faço com profundidade o exame de consciência para me preparar bem para a confissão sacramental?

Confio na infinita misericórdia de Deus, que me perdoa sempre que me aproximo contrito ao sacramento da confissão?

8. Tenho feito da Santa Missa o centro da minha vida interior? Contemplo as diversas dimensões da Eucaristia: a comunhão com Deus e com meus irmãos, a renovação incruenta do sacrifício do Calvário, a presença real de Jesus Cristo, bem como seu aspecto escatológico, isto é, a Eucaristia como penhor de vida eterna e participação da liturgia celeste?

9. Coloco as minhas orações, sacrifícios e boas ações no ofertório da Santa Missa, unindo-os ao sacrifício de Jesus Cristo?

10. Transformo o meu dia em uma Missa, vivendo-o como um prolongamento do Santo Sacrifício do altar?

Coração diligente e estudioso

Bem-aventurados os que têm fome e sede de justiça, porque serão saciados.
— Mt 5, 6

Continuamos considerando a bem-aventurança sobre a fome e sede de santidade. Já vimos o conceito de "santidade" que o servo de Deus possuía e como ele cultivou uma profunda vida interior. Agora iremos nos aprofundar na sua busca da santidade através do trabalho profissional e, principalmente, através do estudo.

A partir de todos os textos do servo de Deus Marcelo Câmara que já apresentamos nas meditações anteriores, penso que é fácil notar sua enorme capacidade de oratória, o modo como expressava as suas ideias bem e com clareza.

Era, de fato, um excelente orador. Chamava a atenção pela linearidade do seu raciocínio, a clareza das suas exposições, o brilhantismo dos seus argumentos.

Marcelo Câmara, nos seus 28 anos de vida, era uma das pessoas mais inteligentes que conheci até hoje.

Desenvolveu muito esse dom de Deus, e creio que isso se deveu principalmente ao estudo e às suas leituras copiosas e cultas.

Em outra ocasião seu pai declarava: "Meu filho nasceu pra estudar. Só faltava levar o livro para caminhar. Sempre foi assim, era dele".[1] A biógrafa Maria Zoê, por sua vez, escreve:

> Além da admiração pela natureza, Marcelo nutria uma outra paixão: o conhecimento. Dotado de inteligência ímpar e rara eloquência, características marcantes em sua pessoa, a dedicação aos estudos rendeu-lhe uma notável formação. Considerado aluno exemplar no primeiro e segundo graus.[2]

> Quem consultar o histórico escolar do primeiro e segundo graus verá que Marcelo tinha ótimas notas, ainda que isso não significasse alcançar a nota máxima. Por exemplo, as notas nas disciplinas de língua portuguesa e matemática ficavam entre 7 e 8.
>
> O que impressionava, mais que o boletim, era o interesse acima da média pelo saber e sua capacidade de expressão.[3]

Ele chegou a assumir o compromisso de ser orador da turma na formatura do primeiro grau em 1993, mas

(1) NCS, p. 88, §2º.

(2) Ibid., pp. 32–33.

(3) Ibid., p. 33, nota de rodapé n. 25.

não conseguiu cumprir a missão por ter fraturado a perna, jogando futebol, bem no dia da festa.[4] Conta o pai em seu depoimento:

> Ele me liga um dia e diz para eu não arrumar nada de compromisso para o dia seguinte, pois iria ser o orador da turma na Escola Alferes Tiradentes. Então, no dia da formatura, pela manhã, me disse que já estava com o discurso preparado e que iria jogar bola com o irmão. Eu disse: "Meu filho, não faz isso, nasceste para estudar". O que aconteceu? Quebraram a perna do Marcelo, e ele não pôde ir à formatura.[5]

Concluído o ensino médio, passou de primeira no concorrido vestibular da Universidade Federal de Santa Catarina (UFSC), ingressando no curso de direito em março de 1997, com distinta colocação: sexto lugar na turma.[6]

A respeito da sua oratória e do conhecimento adquirido pelos estudos, merece registro um episódio narrado pelo colega da turma de direito Eduardo Sens dos Santos, em que ficam evidentes os exímios talentos intelectuais do Marcelo:

> Mas o dia em que esse domínio da oratória mais chamou a atenção foi numa das primeiras aulas de

(4) Cf. ibid., pp. 32–33.

(5) Ibid., p. 33, nota de rodapé n. 26.

(6) Cf. ibid., nota de rodapé n. 27.

direito processual civil. Uma professora substituta, recém-formada, sem nenhuma experiência de cátedra, chegou na sala de aula. Fez a chamada, e logo em seguida percebi que ela tentava ganhar um pouco de tempo, talvez para quebrar a própria insegurança, para aplacar o nervosismo. Logo pensei: "Vai começar perguntando para alguém a clássica [indagação]: o que é direito?". Qualquer um que tenha estado nos bancos de uma faculdade de direito já ouviu essa pergunta pelo menos uma dezena de vezes. Ali, na quinta fase, já tínhamos ouvido pelo menos umas cinco vezes. Sempre, claro, com uma resposta absolutamente diferente da outra. Pois não é que a tal professora substituta lançou diretamente ao Marcelo a fatídica pergunta? Justo a ele, o maior orador da turma, o único que estudava latim, grego, teologia, e que, nas horas vagas (que nunca eram muitas), também estudava direito muito além do que qualquer professor podia esperar. O Marcelo, agradecendo a pergunta, e sempre muito polido e educado, iniciou o que podemos chamar de "breve tratado da teoria do direito desde a Roma Antiga até os dias atuais". Iniciou citando Sócrates, Platão, Aristóteles e companhia limitada. Falou de Santo Agostinho [...], Justiniano, passando pelo direito canônico. Falou na Revolução Francesa, Montesquieu, Rousseau, e mais alguns iluministas obscuros para mim [...]; falou da diferença entre lei, direito e moral, passou pela teoria pura do direito, mencionando Kelsen como quem fala de alguém da própria família; não esqueceu do Miguel Reale e da teoria tridimensional, chegando até os autores da atualidade, Alexy, Dworkin e mais uns três de nomes complicados e que, pela cara, a professora nem conhecia. Uns dois alunos, que não estavam acostumados ao Marcelo como nós, quase caíram da cadeira.[7]

Esse perfil de Marcelinho explica por que, ao conhecer o Opus Dei e os escritos do seu fundador, São Josemaria Escrivá, se encantou tanto com o tema da santificação do trabalho e, principalmente, do estudo. As palavras do fundador do Opus Dei encontraram um enorme eco no coração do jovem, que se identificou plena e imediatamente com o espírito da Obra.

Marcelinho seguiu à risca o conselho de São Josemaria no livro *Caminho*: "Àquele que puder ser sábio, não lhe perdoamos que não o seja".[8] São Josemaria queria que todos fossem pelo menos cultos, mas aqueles que tinham possibilidade de ir mais longe e ser sábios deveriam fazer render os seus talentos e chegar a tal nível. Também no livro *Caminho*: "Se tens de servir a Deus com a tua inteligência, para ti estudar é uma obrigação grave".[9]

Marcelo, a partir da sua conversão, queria servir a Deus com a inteligência e se empenhou em tornar-se

---

(7) Ibid., pp. 90-91, §3º.

(8) São Josemaria Escrivá, *Caminho*, n. 332.

(9) Ibid., n. 336.

sábio. Refletia o que se lê na homilia "Vocação cristã", incluída no livro *É Cristo que passa*:

> O cristão deve ter fome de saber. Desde o cultivo dos saberes mais abstratos até às habilidades do artesão, tudo pode e deve levar a Deus. Porque não há tarefa humana que não seja santificável, que não seja motivo para a nossa própria santificação e oportunidade para colaborarmos com Deus na santificação dos que nos rodeiam. A luz dos seguidores de Jesus Cristo não deve permanecer no fundo do vale, mas no topo da montanha, para "que vejam as vossas boas obras e glorifiquem vosso Pai que está nos Céus".[10]

É interessante observar que Marcelo Câmara tinha muito presente que deveria servir a Deus e aos demais, levando os valores cristãos ao seu ambiente profissional. Por exemplo, durante a graduação, nos anos de 2000 e 2001, estagiou na Procuradoria da República no estado de Santa Catarina, ingressando também mediante concurso.[11] As qualidades do Marcelo foram elencadas pela procuradora-titular em um ofício endereçado ao secretário da Comissão de Concurso de Ingresso na Carreira do Ministério Público de Santa Catarina:

> Apresentou desempenho excelente, seriedade, rapidez, ótima redação, precisa capacidade

(10) Id., *É Cristo que passa*, n. 10.

(11) Cf. NCS, p. 91, §1º.

> de pesquisa e iniciativa, além de trato muito respeitoso com superiores, colegas e servidores da instituição.
>
> Possuidor de muito bom nível de cultura geral e jurídica, trata-se de pessoa muito educada, afável e dedicada ao trabalho, tendo sempre demonstrado interesse em aprender.
>
> Registro, ainda, sua boa formação moral e intelectual, certamente derivadas da sólida educação e da base familiar, aliás reconhecidas no meio social em que está inserido, onde, ademais, participa de atividades comunitárias, sobretudo de cunho humanitário, voltadas à orientação de jovens e adolescentes, além de reuniões religiosas.
>
> Atesto, finalmente, que desconheço qualquer fato que possa desaboná-lo.[12]

Recordo-me de uma conversa que tive com o Marcelinho em que ele comentava que queria passar no concurso do Ministério Público. Dizia que fazia falta promotores de justiça que tivessem um bom preparo e, também, formação cristã. Enquanto muitos que fazem esse concurso desejam se colocar bem profissionalmente ou se destacar na vida social, o Marcelinho queria servir a Deus e aos demais com seus conhecimentos jurídicos e valores cristãos.

São Josemaria dá continuidade assim à sua homilia "Vocação cristã": "Trabalhar assim é oração. Estudar

(12) Ibid., p. 91, nota de rodapé n. 116.

assim é oração. Investigar assim é oração. Não saímos nunca do mesmo: tudo é oração, tudo pode e deve levar-nos a Deus, alimentar esse convívio contínuo com ele, da manhã até à noite".[13] E, ao lançar luz sobre a vida de Marcelinho através desta lente, diz Maria Zoê:

> Oração e trabalho vão se tornando para ele duas faces de uma mesma realidade, uma total unidade de vida. A consciência de que o seu trabalho profissional realizado com toda dedicação e competência pode converter-se em uma oração agradável a Deus pelo bem da humanidade impele-o a trabalhar com serena obstinação.[14]

Já no final do ano de 2002, Marcelo participou do processo seletivo para o curso de mestrado em direito da UFSC, obtendo, mais uma vez, excelente colocação e iniciando os estudos em 17 de março de 2003.

Em poucas semanas, Marcelo já era uma referência na pós-graduação. Nas rodas de conversas, seus colegas do mestrado, provenientes de vários estados do Brasil, comentavam sobre o novo aluno que possuía um "conhecimento incrível, uma cultura clássica". Era notável sua capacidade de impactar positivamente a todos à sua volta.[15]

---

(13) São Josemaria Escrivá, op. cit., n. 10.

(14) NCS, pp. 103–104.

(15) Ibid., pp. 97–98.

Ele defendeu a dissertação em um prazo exíguo, já em 22 de julho de 2004, obtendo a nota máxima com distinção e louvor. O professor Fernando Noronha, orientador da dissertação, assim descreveu o jovem aluno:

> Para além das suas ímpares qualidades humanas, impressionavam sua inteligência e capacidade de trabalho. No mestrado, ele foi o único da sua turma que defendeu a dissertação (e dissertação brilhante) logo após concluir os créditos, tendo concluído o mestrado em apenas um ano! Olhando agora à distância, parece que ele tinha uma premonição de que sua vida seria breve.[16]

Ao falar sobre a dedicação do Marcelo aos estudos, gostaria de deixar claro que ele não tinha nada a ver com o que hoje nós denominaríamos na gíria como um *nerd*. Hoje, afinal, essa expressão se refere àquela pessoa muito dedicada aos estudos, que exerce atividades intelectuais muitas vezes inadequadas para a própria idade. Em geral, trata-se de uma forma depreciativa e jocosa de qualificar alguém. Muitas vezes, a expressão remete a um solitário dedicado a atividades antissociais, incapaz de se integrar a um grupo em razão de sua timidez. A biógrafa de Marcelinho, no entanto, revela um perfil bem distinto:

---

(16) Ibid., p. 97, §3º.

> Além de dedicar-se à formação humana e espiritual, Marcelo também participava com entusiasmo das confraternizações do grupo e do Movimento [de Emaús]. Era um jovem com uma alegria contagiante, que sabia enxergar a presença de Deus na festa, na comemoração, na animação, ou seja, em tudo o que é bom, belo e verdadeiro em si mesmo.[17]

Sem dúvidas, Marcelo procurava aproveitar ao máximo o seu tempo, fazendo-o render... Tinha prioridades, que eram estabelecidas a partir de um projeto de vida que comportava a formação espiritual, a formação intelectual e o trabalho, o convívio social e o descanso. Procurava equilibrar sua vida de acordo com uma escala de valores a serem vividos com compromisso e fidelidade.

Ilustra esta atitude a seguinte revelação de Fernando Wendhausen: "Uma vez o convidamos para ir conosco na Fenaostra. Ele disse que agradecia muito o convite, mas que não iria por estar lendo as *Confissões* de Santo Agostinho, e insistiu em que aproveitássemos por ele".[18]

Importa destacar, mais uma vez, que Marcelo não era avesso às comemorações e confraternizações. Pelo contrário: via no lazer uma oportunidade de dar glória a Deus pela alegria, pela amizade, pelo divertimento sadio, e também uma ocasião propícia para evangelizar

---

(17) Ibid., p. 51, §3º.

 (18) Ibid., pp. 51–52.

e fazer-se próximo. Buscava, sim, selecionar os programas, conforme a compatibilidade com suas convicções mais íntimas. Silvana Silveira testemunha um comentário do Marcelo a ela: "Em primeiro lugar estão as responsabilidades acadêmicas, profissionais e com a Igreja. O lazer vem depois".[19]

O ideal de santificação das atividades temporais cotidianas, sobretudo do trabalho profissional — preconizado por São Josemaria Escrivá — foi vivido intensamente por Marcelo na medida em que soube transformar as realidades humanas da família, da profissão, do estudo, do lazer, da amizade e do descanso em locais privilegiados de encontro com Deus... E de tal modo que Marcelo, ao conhecer o Opus Dei, seu carisma e sua mensagem, discerniu que essa era a sua vocação. Deus o chamava a santificar a sua vida diária em todas as dimensões. Estava felicíssimo por ter descoberto a sua vocação à Obra e queria anunciar a todos o chamado universal à santidade. Deixou-nos um belo testemunho de esforço por viver a santificação do estudo e do trabalho, conforme o espírito do Opus Dei:

> Meus filhos: aí onde estão nossos irmãos os homens, aí onde estão as nossas aspirações, nosso trabalho, nossos amores — aí está o lugar do nosso encontro cotidiano com Cristo. Em meio das coisas mais materiais da terra é que nós devemos

---

(19) Ibid., p. 52, §1º.

> santificar-nos, servindo a Deus e a todos os homens. [...] Na linha do horizonte, meus filhos, parecem unir-se o céu e a terra. Mas não: onde de verdade se juntam é no coração, quando se vive santamente a vida diária...[20]

Após uma árdua luta contra o câncer que se traduziu num tratamento muito desgastante, ele continuou estudando heroicamente e se apresentou para o concurso do Ministério Público. Estava muito debilitado, em especial tendo em vista as exigências dos exames, que eram longos e árduos. Não obstante, obteve a quinta colocação geral. Em especial, sua apresentação oral foi tida por magistral e bastante elogiada.

Marcelo pôde assumir o Ministério Público após vencer algumas dificuldades jurídicas que lhe haviam colocado. E, ao assumir o seu cargo de promotor, trabalhou intensamente. Preocupava-o a longa lista de processos que havia se acumulado na sua mesa antes de ele assumir. Tinha a preocupação de dar andamento aos processos, pois havia muitas pessoas à espera da conclusão. Trabalhou com enorme competência jurídica e, ao mesmo tempo, com extremada caridade cristã. Sua acurada consciência profissional impeliu-o a trabalhar além do expediente para dar conta do volume excessivo de trabalho, em que pese o organismo debilitado pelo tratamento realizado. Relembra o pai:

---

(20) São Josemaria Escrivá, homilia "Amar o mundo apaixonadamente", de 8 de outubro de 1967.

> Num sábado logo após a sua admissão como promotor, vamos dizer início de abril de 2007, mesmo ele estando depauperado pela doença, disse que ia almoçar rápido porque a sua mesa de trabalho estava tão cheia que não conseguia ver quem sentava à sua frente, e precisava ir dar uma "limpada" nos processos. E ele foi lá para a Vara Criminal de São José para dar uma baixa nos processos. Consciência profissional. Poderia dizer: "Acabou meu expediente, estou aqui somente há alguns dias", mas não: foi trabalhar no sábado à tarde.[21]

O juiz Márcio Schiefler Fontes salienta o otimismo que mantinha Marcelo sereno e confiante ante os desafios e o cotidiano penoso da Vara Criminal de São José, considerada uma das mais volumosas do estado na época:

> Atuamos juntos por algumas semanas intensas e desgastantes, física e emocionalmente, como eram todas naquela época por lá.
>
> Em seguida, aquela vara foi sendo desdobrada e, pouco tempo depois, vemos quatro varas dividindo um trabalho que naquela época era concentrado em uma.
>
> Marcelo sempre se mostrou dedicado e sereno. Jamais demonstrou qualquer sinal de medo ou

---

(21) NCS, pp. 149–150.

perturbação pela lida criminal ou por qualquer caso específico, mesmo os mais deprimentes.

Portava-se ao mesmo tempo com simplicidade e decoro. Lembro-me com exatidão de sua voz mansa, porém firme.

Sempre assoberbados de trabalho, nossas conversas poucas vezes resvalaram para assuntos transcendentes, mas nesses casos sempre com grande proveito para mim.

Seu ofício na Vara Criminal de São José foi para mim dos mais gratificantes e seu falecimento, uma perda que se mostrou também pessoal, como depois escrevi ao pai dele.[22]

No Ministério Público, Marcelo Câmara deixou um importante exemplo de coragem, honestidade, laboriosidade, serviço abnegado pela justiça e pelo bem comum. E isso em apenas um ano de empossado, quando então viria a falecer.

Quando eu estava no velório do Marcelinho, de repente apareceu uma colega de trabalho que fez o seguinte comentário em voz alta: "O Marcelinho fazia tudo bem feito". Pensei na hora que era o melhor elogio que se podia fazer a ele, pois foi o que disseram de Jesus na sua vida pública: "Tem feito bem todas as coisas", o que incluía também sua vida oculta em Nazaré, onde Jesus viveu, estudou e trabalhou, santificando a sua vida ordinária.

---

 (22) Ibid., p. 150, último parágrafo.

Que esses exemplos do Marcelo nos ajudem a rever com que seriedade executamos os nossos estudos e nos dedicamos à nossa formação. Se procuramos nos santificar através deles e não nos tornamos sábios, que ao menos nos tornemos cultos, principalmente na área da nossa atuação profissional.

Exame sobre o estudo e o trabalho

1. Qual é a minha visão atual sobre o trabalho? Além de vê-lo como meio de desenvolvimento pessoal, sustento financeiro e serviço aos outros, vejo-o como meio para me unir a Deus e me santificar?

2. Estou consciente de que meu trabalho é uma forma de cooperar com Deus na obra da criação? Procuro dar glória a Deus através do estudo e do trabalho? Evito a vanglória e os interesses egoístas ao realizar meus afazeres?

3. Sou consciente de que Jesus nos redimia também através do seu trabalho na oficina de Nazaré e de que, portanto, o trabalho tem valor redentor? Como isso influencia a maneira como vejo e executo minhas tarefas diárias?

4. Procuro desenvolver os dons recebidos de Deus no trabalho? Estou adquirindo virtudes como a fortaleza, a temperança, a justiça e a prudência através do meu ofício?

5. Tenho procurado aprender e me desenvolver intelectual e culturalmente através do estudo? Estou atualizado nos progressos e avanços da minha profissão?

6. Aproveito as oportunidades de conhecer melhor a minha fé por meio da assistência a palestras de formação, de leituras e do estudo? Estou atento e ajudo na formação dos demais através do exemplo, de conselhos, de palestras, de aulas de catequese ou virtudes cristãs?

7. Realizo meu trabalho por amor a Deus, consciente de Sua presença e companhia? Tenho o hábito de oferecer meu trabalho a Deus e transformá-lo em oração?

8. Estou empenhado em executar meu trabalho com profissionalismo, capricho e atenção aos detalhes, como Jesus teria feito? Trabalho com dedicação e alegria, evitando murmurações e reclamações?

9. Procuro cumprir os prazos, trabalhando com pontualidade, ordem e disciplina? Mantenho o foco e a atenção no trabalho, evitando dispersões e perdas de tempo?

10. Atendo com generosidade as pessoas que precisam do meu trabalho? Estou utilizando o trabalho para servir aos outros e promover o bem na sociedade? Trato com caridade meus colegas ou pessoas que dependem de mim?

Coração compassivo e misericordioso

Bem-aventurados os misericordiosos, porque alcançarão misericórdia.
— Mt 5, 7

O coração é o centro íntimo da pessoa, de onde emanam seus sentimentos mais profundos. O próprio Jesus Cristo ensinou que de um coração bom brotam atitudes e palavras boas, enquanto de um coração mau provêm atitudes e palavras más.

Mas como é o coração de Nosso Senhor Jesus Cristo? Com frequência, referimo-nos ao Sagrado Coração de Jesus, que é o coração humano de uma Pessoa divina. Esse coração é repleto de graça e constitui uma fonte inesgotável de graça para nós. Dele, recebemos graça sobre graça.

Uma característica distintiva do coração de Cristo, cada vez mais reconhecida e valorizada na Igreja, é sua misericórdia. Os últimos Papas têm sublinhado repetidamente a importância da misericórdia do Senhor, com destaque especial para São João Paulo II e o Papa Francisco. Santa Faustina Kowalska também desempenhou um papel crucial na valorização da divina misericórdia.

É igualmente significativo que, na consagração do Opus Dei ao Sagrado Coração de Jesus, São Josemaria Escrivá tenha inserido, por três vezes, a jaculatória: *Cor Iesu Sacratíssimum et Misericors, dona nobis pacem*, que significa: "Coração Sacratíssimo e Misericordioso de Jesus, dai-nos a paz".

Na Bula *Misericordiae vultus*, com a qual proclamou o Ano da Misericórdia na Igreja, o Papa Francisco escreveu sobre Jesus Cristo:

> A sua pessoa não é senão amor, um amor que se dá gratuitamente. O seu relacionamento com as pessoas que se abeiram dEle manifesta algo de único e irrepetível. Os sinais que realiza, sobretudo para com os pecadores, as pessoas pobres, marginalizadas, doentes e atribuladas, decorrem sob o sinal da misericórdia. Tudo nEle fala de misericórdia. NEle, nada há que seja desprovido de compaixão.[1]

Os Santos Evangelhos narram muitas cenas em que Jesus Cristo atua com misericórdia, em que se compadece diante das misérias alheias, das enfermidades e doenças corporais. De modo especial, revelam-nos como reage diante da miséria espiritual dos pecados de seus irmãos, os homens. Podemos recordar alguns desses episódios.

---

 (1) Papa Francisco, Bula *Misericordiae vultus*, n. 8.

Diante do paralítico de Cafarnaum, Jesus em primeiro lugar perdoa os seus pecados, pois era o mais importante a ser feito, e depois cura os seus membros paralisados: "Levanta-te, pega a tua maca e anda" (Jo 5, 8).

Diante da mulher flagrada em adultério, enquanto os demais queriam apedrejá-la, Jesus é clemente: "Mulher, [...] ninguém te condenou? [...] Eu também não te condeno. Vai, e de agora em diante não peques mais" (Jo 8, 10–11).

Ele chora junto com Maria, irmã de Lázaro, pela morte do seu amigo e, principalmente, pela dor que ela sentia (cf. Jo 11, 32–36).

Compadece-se da multidão porque estava perdida, desorientada, como ovelhas que não têm pastor a guiá-las (cf. Mc 6, 34).

Além de atuar com misericórdia, Jesus nos pede essa mesma misericórdia em várias parábolas, entre elas a do filho pródigo e a do bom samaritano. No Sermão das Bem-aventuranças, também garante a felicidade e a misericórdia de Deus para quem tem um coração misericordioso: "Bem-aventurados os misericordiosos, porque alcançarão misericórdia" (Mt 5, 7).

Mas o que vem a ser precisamente a misericórdia? A palavra misericórdia provém do latim *miseri cor*, que significa literalmente "ter a miséria no coração". A misericórdia é um tipo especial de amor que leva a pessoa a ver a miséria alheia, senti-la como própria e procurar remediá-la, atuando da melhor forma possível.

Essa atitude fica muito clara no episódio, narrado nos Evangelhos, da ressurreição do filho da viúva de Naim. Jesus, ao ver o cortejo fúnebre em que uma viúva chorava pela morte do seu filho único, compadeceu-se dela e avançou ao seu encontro. Podia ter passado ao largo ou esperado por um chamado, por um pedido. Mas nem se afasta nem espera. Toma ele próprio a iniciativa, movido pela aflição de uma viúva que havia perdido o único que lhe restava: o filho. Ele ressuscita o filho e devolve-o, vivo, à sua mãe.

Na vida do servo de Deus Marcelo Henrique Câmara, vemos claramente como ele se sentia interpelado a agir para curar ou evitar o mal das pessoas com quem cruzava pelo caminho. É bonito ver como achava que não estava fazendo nada demais, to natural era seu amor desinteressado.

Certa vez, o Marcelinho presenciou uma discussão enérgica entre dois homens, motivada por questões de trânsito. Ele percebeu que estavam prestes a começar uma briga feia no meio da rua. Um dos homens, bem mais forte do que o outro, provavelmente lhe daria uma surra na presença da sua esposa e dos seus filhos, que se encontravam no carro. Marcelinho se encheu de coragem e brios e saiu correndo na direção do homem mais corpulento, agarrando-o por trás e o imobilizando, enquanto outras pessoas chegavam para ajudar e separar os briguentos.[2] Devemos ter em conta que o Marcelinho nem era tão forte assim; mas, pensando

(2) NCS, Apêndice II, p. 229, §3º.

no mal que poderia evitar, agiu. Logo depois, os homens desistiram da briga, entraram em seus carros e voltaram para suas casas.

Mas não apenas em situações excepcionais o Marcelo era misericordioso. Também nas pequenas realidades do dia a dia ele sabia ver as necessidades alheias e procurava ajudar os demais a superá-las. Um colega da faculdade comentava: "No andar do curso, passei a ficar mais próximo de Marcelo. Algumas vezes por semana ele almoçava na casa da madrinha e da avó, próximo de onde eu residia, motivo pelo qual gentilmente me oferecia carona, de modo que não precisasse retornar para casa de ônibus".[3]

Marcelo também era extremamente solidário com seus colegas, um apoio firme em todos os momentos. No chamado PET, Programa de Educação Tutorial, cada aluno encarregava-se de organizar uma palestra, aberta a toda comunidade, sobre um tema socialmente relevante. No evento organizado por seu colega Samuel Naspolini, o palestrante confirmado não apareceu. Marcelo soube ser solidário com seu colega. Samuel é quem nos relata: "Percebeu meu constrangimento, esteve comigo quando anunciamos que o evento não seria realizado e me ajudou a desmontar toda estrutura".[4]

Impressiona também ver como o Marcelo Câmara viveu muitas obras de misericórdia, algumas com os

(3) Ibid., p. 62, §3º.

(4) Ibid., p. 89, último parágrafo.

enfermos e pelo menos uma com um condenado. Nem mesmo quando doente ele deixou de praticá-las; ao contrário, soube aproveitar a estada no hospital para visitar outros doentes.

Uma enfermeira deu o seguinte depoimento sobre o Marcelo:

> Chegou uma fase em que ele já estava com dificuldade de andar e começou a se movimentar com andador. Isso não o impediu de passar nos outros quartos, com a nossa ajuda, e ali levava palavras de aconchego, de conforto e de fé para todos.
>
> Era impressionante: ele estava lá no hospital na situação dele e via aquilo como uma oportunidade de estar ajudando as outras pessoas. Alguém podia estar lá num pós-operatório, ou em situações mais simples que a dele, e ele sempre dizia: "Eu quero ir lá. Você me ajuda?".[5]

A mesma enfermeira narra um caso ainda mais significativo:

> A gente tinha uma paciente que estava no mesmo corredor que ele. Na época, ela ganhara o [concurso] Garota Verão, mas sofreu um grave acidente de carro que a deixou tetraplégica. Marcelo fazia questão de passar lá e animá-la. Tenho poucas lembranças, porque faz muito tempo. Eu não sei como ele conseguiu convencê-la: ela estava extremamente

(5) Ibid., pp. 125–126.

> arrasada, não queria mais continuar a viver. E a gente ia no quarto, ele incentivava, incentivava, e eu sei que essa menina se reergueu. Saiu numa cadeira de rodas, com as limitações dela, mas sorrindo e feliz com tudo o que o Marcelo fazia.
>
> Parece que ainda vejo ele, parece que ouço o Marcelinho falando: "Mas o que a gente pode aprender disso? Olha o que Deus está tentando mostrar".[6]

O Marcelinho, que sonhara passar no concurso público para o Ministério Público a fim de promover a justiça na sociedade, não se contentava em buscar apenas a justiça: queria ir mais longe, vivendo também a misericórdia.

Certa vez, exercendo já o seu cargo de promotor, obteve a justa condenação para o autor de um delito. "Após a sentença de condenação, Marcelinho fez algo inusitado: foi em busca do apenado a fim de dar-lhe conselhos, para que dedicasse o tempo que passaria no cárcere a refletir sobre sua vida e, principalmente, mudasse de rumo e buscasse a Deus".[7]

Um outro promotor de justiça, que também trabalhava no Ministério Público de Santa Catarina, ao conhecer esse episódio na vida do Marcelo, comentou:

> Isso é algo bastante incomum no meio jurídico, pois geralmente os promotores de justiça,

(6) Ibid., p. 126, último parágrafo.

(7) Ibid., p. 152, §1º.

quando conseguem condenar alguém no tribunal do júri, sentem-se vitoriosos, como se tivessem cumprido bem a sua missão, mas desejam que o condenado fique por muitos anos preso por haver praticado um crime doloso contra a vida. Marcelo foi além e santificou o trabalho de promotor de justiça ao aconselhar um condenado a mudar de vida, a resgatar a esperança e aproximar-se de Deus.[8]

Em outra ocasião, quando o Marcelo estava novamente hospitalizado, dois colegas foram visitá-lo e pediram a sua opinião sobre determinado caso do qual ele já teria conhecimento. E lhe disseram:

"Marcelo, nós viemos aqui falar contigo para ver o que é que tu achas que devíamos fazer com esta pessoa".

O Marcelo lhes disse: "Espera, deixem-me refletir um pouco. Quanto tempo vocês deram para ele?".

Eles disseram: "Ele está julgado em cinco a seis anos".

Foi quando o Marcelo respondeu-lhes que a pessoa em questão era uma pessoa tão boa, que aquilo tinha sido um lapso na sua vida. E sugeriu que eles, em outra reunião, procurassem mudar a pena para dois anos. E comentou: "Ele é tão

(8) Ibid., pp. 152–153.

moço, e tem que fazer a vida dele no convívio da família".[9]

Marcelo Câmara se destacou também por exercer praticamente todas as obras de misericórdia espirituais: ensinar os ignorantes, aconselhar os indecisos, admoestar os pecadores, consolar os aflitos, perdoar as ofensas, suportar com paciência as pessoas molestas, rezar a Deus pelos vivos e defuntos...[10]

No ensino dos que não sabem e ignoram a verdade das coisas, principalmente da fé católica, o Marcelo ajudou a muitas pessoas.

Um amigo do Marcelo chamado Klaus organizou durante certo tempo uma escala de reforço escolar para as crianças acolhidas pela Ação Social Missão, mantenedora da Casa-Lar. Trata-se de uma instituição fundada por jovens do Movimento de Emaús com o objetivo de acolher e educar meninos em situação de vulnerabilidade social.[11] Marcelinho foi um dos voluntários da equipe montada para ajudar os meninos, dando aulas de reforço escolar.

Marcelinho era também um amante da verdade. Estudioso profundo e autodidata da doutrina católica, mantinha uma postura firme face às propostas ou ensinamentos contrários à verdade revelada, jamais transigindo com o erro em questões de fé e moral.

---

(9) Cf. ibid., p. 156, §3º.

(10) Papa Francisco, op. cit., n. 15.

(11) NCS, p. 58, último parágrafo.

Citava as fontes bíblicas e magisteriais que revelavam o ensinamento correto, mas sem jamais perder a mansidão e a humildade de coração.

> Um dos temas preferidos de Marcelo era a Inquisição. Estudou o assunto com profundidade a fim de poder esclarecer às pessoas, frequentemente induzidas a um juízo errôneo e insuficiente, a real atuação da Igreja Católica enquanto Tribunal de Inquisição: suas intenções, seus objetivos, seus métodos, seus resultados, seus efeitos e, como não poderia deixar de ser, seus excessos e falhas.[12]
>
> Dizia em certa ocasião:
>
> É necessário, antes de mais nada, ver, saber do que se trata, para depois examinar e julgar com critério. E quero desde logo alertar para o seguinte: só efetuará um exame criterioso sobre o tema quem souber contextualizá-lo. Aliás como qualquer tema, tem de ser contextualizado. Querer pinçar a Inquisição do seu contexto histórico é um erro, e um erro muito grave. Não se pode cometê-lo ao examinarmos o passado, bem como não se pode cometê-lo ao examinarmos o presente.[13]

Assim que saiu o Catecismo da Igreja Católica, Marcelo Câmara organizou uma "escola da fé" para o estudo do novo Catecismo na sua paróquia. Eis um

---

(12) Ibid., p. 69, §2º.

 (13) Ibid., pp. 69–70.

testemunho da atuação do Marcelinho nessa escola da fé:

> Sua gentileza e sabedoria alentava e edificava a todo o corpo de ministros paroquiais, a quem ele muito ajudou ministrando aulas sobre o Catecismo da Igreja em nossa escola paroquial de lideranças. Participar das aulas ministradas por Marcelo era muito edificante. Ministrava com profundidade, sabedoria e simplicidade. Uma mente brilhante e humilde, um coração vigoroso e terno.[14]

Como catequista na sua paróquia, com seus conselhos ajudou muitos jovens a se afastarem das drogas. No entanto, também exerceu um maravilhoso apostolado de amizade e confidência no ambiente acadêmico e profissional.

Como professor universitário, Marcelo se preocupava verdadeiramente com a formação integral de seus alunos. Sua atuação não se limitava ao ensino dos conteúdos jurídicos e nem mesmo à sala de aula. Quando, em algumas ocasiões, dava carona aos alunos, aproveitava o ensejo para conversar sobre suas vidas. Aproveitava, também, os intervalos de aula para interagir com seus alunos. Tinha interesse pelo bem de cada um.

Uma de suas alunas, Karina, dá o seguinte depoimento:

---

(14) Ibid., p. 82, §2º.

> Doutor Marcelo Câmara foi meu professor no curso de direito! Foi um privilégio e um presente de Deus ter sido sua aluna. Além de excelente mestre, era um grande ouvinte e conselheiro. Mesmo com sua enfermidade, nunca deixou de sorrir e de levar aos nossos corações uma palavra amiga, sempre cercada de muita fé. Sua passagem tão prematura deixou a todos nós, na época, órfãos de um excelente mestre, mas principalmente órfãos de um grande amigo![15]

Esse apostolado de amizade e confidência, ele o cultivou principalmente quando conheceu o Opus Dei, exercendo-o também no Movimento de Emaús. Um dos dirigentes do movimento até questionou como, não sendo sacerdote, ele conversava e dava conselhos aos outros jovens. Marcelo teria lhe explicado que não era necessário ser sacerdote para dar bons conselhos aos amigos e que todos os cristãos podem e devem exercer esse apostolado de amizade e confidência. Tal dirigente soube, por outros jovens do movimento, que o Marcelo dava conselhos muito apropriados e práticos para que as pessoas vencessem seus defeitos; animava-os a ser bons filhos, carinhosos e respeitosos com seus pais; indicava-lhes boas leituras a respeito dos temas que deveriam melhorar; animava-os a se confessar com regularidade, exercendo assim uma verdadeira direção espiritual com seus amigos.

---

 (15) Ibid., p. 132, último parágrafo.

André Ghiggi, um de seus amigos e colega de profissão, deu o seguinte testemunho:

> Fui convidado a participar de uma atividade do Opus Dei na Igreja da Prainha, chamada "recolhimento mensal", na qual um sacerdote faz uma pregação sobre um tema da doutrina católica, a fim de os presentes poderem fazer oração. Quando entrei no templo, pela lateral, deparei-me com o Marcelo na primeira fila, para variar sorrindo, com aquela alegria singular. No final, conversamos um pouco e marcamos um almoço. Daí em diante, por aproximadamente seis meses, almocei com o Marcelo praticamente todas as semanas. A sua grande espiritualidade era evidente. Estava sempre alegre, falava com uma mansidão impressionante, mesmo quando conversávamos sobre o câncer contra o qual ele estava lutando [...]. Ligar para ele era um verdadeiro deleite; atendia com um entusiasmo que fazia os amigos se sentirem verdadeiras celebridades: "Nossa! Que alegria falar com você! Tudo bem! Sensacional você me ligar! Ganhei o dia em receber a tua ligação". Esse era o padrão... A gentileza dele praticamente irradiava pelos buraquinhos do telefone. [...]
>
> Sempre procurava saber como eu estava caminhando na fé, dando-me dicas e conselhos oportunos para avançar. Havia pouco tempo que eu tinha decidido levar o cristianismo mais a sério, e a ajuda dele foi determinante no meu processo de conversão e discernimento vocacional.

Certa vez, encontrei com ele na porta da capela do Colégio Catarinense. Recordo-me de não estar bem espiritualmente naquele dia, e parece que ele o adivinhou, pois colocou a mão no meu ombro e olhou-me seriamente, dizendo: "Vida interior! Vida interior!". Depois dirigiu-se sem dizer mais nada até o banco para rezar. Este fato e o olhar dele me marcaram muito. Gosto de dizer que o primeiro livro espiritual católico que eu li, ganhei dele: *O Sermão da Montanha* (George Chevrot). Guardo a obra com muito carinho, sobretudo por conta da dedicatória.[16]

Não podemos encerrar sem falar da sua enorme capacidade de perdoar as ofensas, de suportar as pessoas com paciência. Com efeito, ele não guardava mágoas no coração, nem mesmo com a dolorida separação dos pais. Perdoava tudo e animava as pessoas a também se perdoarem.

Relato, a esse propósito, o testemunho da sua avó Mary, a quem Marcelo sempre chamava de "minha vozinha": "Meu neto foi uma criatura extremamente carinhosa. Eu tenho segredos com ele que acho que ele nunca falou para ninguém, e eu tenho segredos dele que nunca falei para ninguém no mundo. Eu desabafava com ele".[17]

A delicadeza no trato com a avó fica evidente até mesmo nos momentos de oração, em que interrompia

---

(16) Ibid., p. 107.

(17) Ibid., p. 46, último parágrafo.

a meditação para escutá-la e aconselhá-la, mostrando que seu coração mantinha-se disponível para abraçar as necessidades dos mais velhos:

> Ele sentava naquele sofá rezando, e eu chegava para dizer alguma coisa para ele, e ele dizia assim: "Vozinha, não é assim, deixa para lá, deixa, [...] não estás me perturbando na oração, não, porque contigo estou muito bem [...], mas deixa, vozinha, não te queixa, deixa para lá isso, que não é bem assim".
>
> Nunca falava de ninguém. Ele sempre tinha uma palavra de perdão, conciliava para cá, para lá, dizia que não era assim, essas coisas todas.[18]

Marcelo vivia feliz porque era misericordioso e porque tinha uma enorme esperança de que alcançaria a misericórdia de Deus.

Quando sua mãe teve um pequeno momento de abatimento no hospital devido ao agravamento da doença do seu filho, Marcelo percebeu a desilusão no seu olhar e, querendo consolá-la, disse carinhosamente: "Se fico nesta vida, é pela misericórdia de Deus; se vou para a vida eterna, também é pela misericórdia de Deus".[19]

---

(18) Ibid., p. 47, §2º.

(19) Ibid., p. 159, §1º.

Exame sobre a compaixão e a misericórdia

1. Como está o meu coração atualmente? Minhas palavras e atitudes refletem a bondade do meu coração? Estou imitando o Sagrado Coração de Jesus em sua misericórdia e compaixão?

2. Conheço e procuro praticar as obras de misericórdia, tanto as corporais quanto as espirituais? Como estou incorporando essas práticas à minha vida cotidiana?

3. Reconheço que Deus é fiel e misericordioso, mesmo frente às minhas infidelidades e omissões? Procuro frequentemente a confissão, ciente de que nela Deus me concede Sua misericórdia e perdão?

4. Sou solidário(a) e apoio meus colegas, amigos e familiares nos momentos difíceis de suas vidas? Participo de campanhas que promovem a solidariedade para com pessoas carentes?

5. Tenho disposição e prontidão para intervir e ajudar os outros, evitando o comodismo? Estou disposto(a) a servir os outros em suas necessidades diárias, mesmo quando isso exige sacrifício?

6. Meu olhar sobre os outros é um olhar de misericórdia, ou de julgamento e condenação? Procuro praticar gestos de amabilidade e gentileza com o próximo, sem esperar recompensa?

7. Procuro promover a paz e a concórdia, evitando polêmicas e desentendimentos desnecessários? Como estou contribuindo para a harmonia em minha família e nas comunidades das quais participo?

8. Dedico atenção e cuidado aos doentes, principalmente da minha família? Faço visitas aos enfermos, levando a eles palavras de conforto e esperança?

9. Estou utilizando minhas amizades como meio de exercer o apostolado, dando bons conselhos e ajudando meus amigos a se aproximarem de Deus?

10. Como estou contribuindo para a educação e formação integral daqueles ao meu redor, tanto nos aspectos acadêmicos quanto espirituais?

Coração puro e contemplativo

Bem-aventurados os puros de coração,
porque verão a Deus.
— Mt 5, 8

Ao examinarmos o termo "puros" no texto inspirado do Evangelho de São Mateus, escrito em grego, encontraremos a palavra *καθαροὶ*, que se refere àquilo que não possui mistura, que prescinde de impurezas, que está limpo. Aplicado ao coração, significa, portanto, um coração limpo, puro ou íntegro.

A segunda parte desta bem-aventurança declara: "Porque verão a Deus". Esta visão plena de Deus será alcançada apenas na vida eterna, quando O veremos face a face. Ela é, de fato, o próprio Céu. Após a ressurreição da carne, contemplaremos Deus com nossos próprios olhos, pois seremos dotados de um corpo glorioso, semelhante ao de Cristo.

Na eternidade, a visão de Deus será direta: não como em um espelho, de forma obscura ou desfocada, mas de maneira clara e imediata. Será o momento em que nosso coração humano, que anseia profundamente pela verdade, pela bondade e pela beleza, será plenamente satisfeito pela plena verdade, suma bondade e infinita beleza de Deus.

Na filosofia, esses conceitos — verdade, bondade e beleza — são conhecidos como os "transcendentais": Deus é a própria verdade, bondade e beleza. Em Deus, esses atributos se fundem e se identificam, constituindo uma única realidade, pois Deus é simples em sua essência. No grego, Deus é *καθαρός*, isto é, puro.

Aquele que possui um coração puro consegue discernir que não apenas em Deus, mas também na criação, os transcendentais se integram: somente o que é belo é verdadeiramente bom e verdadeiro; somente o que é bom é verdadeiramente belo e verdadeiro; e somente o que é verdadeiro é profundamente belo e bom.

A arte, por exemplo, é considerada bela quando é uma expressão verdadeira. O amor, por sua vez, é bom quando é belo e verdadeiro. Um exemplo disso vem do amor entre um homem e uma mulher, que se torna verdadeiramente belo quando gera vida, quando se constitui em doação total e permanente, formando uma família.

Aquele que tem um coração puro e íntegro percebe claramente essa unidade entre o belo, o bom e o verdadeiro. Seu coração e seu olhar são puros e integram esses conceitos de maneira imediata, discernindo perfeitamente o que é belo do que não é.

A pureza de coração permite, por exemplo, ver a beleza de Cristo em sua Paixão e Morte na Cruz. Ainda que, como profetizado por Isaías, muitos desviem o olhar diante do semblante desfigurado de Jesus, aquele que tem um olhar puro e integrador vê a extrema beleza do Crucificado, pois experimenta a imensa bondade de quem nos ama a ponto de entregar a vida por nossa salvação. Trata-se de uma bondade suprema, de um amor verdadeiro que dá a maior prova de si: a doação da vida pelos amigos. E, por isso, quem a vislumbra é capaz de se encantar com a beleza de Deus.

A pureza de coração é um estado da alma que nos permite ver a Deus em todas as coisas e em todos os momentos.

É especialmente notável o comentário feito por uma enfermeira a respeito de Marcelo Câmara, enquanto ele estava doente e internado no hospital: "Ele via beleza em tudo. Estava naquela situação difícil e, ainda assim, agradecia!".[1]

Se purificarmos o nosso coração, seremos capazes de ver a Deus também nas criaturas. Marcelo Câmara, um jovem de boa aparência e, mais ainda, de uma riqueza interior notável, demonstrava essa pureza em seu profundo respeito pela figura feminina, na qual reconhecia a beleza do Pai Criador. Gozava, assim, de um coração casto, puro em sentimentos e atitudes.

Certo colega da faculdade relembra uma ocasião em que elogiou a beleza de uma aluna de outro

---

(1) NCS, pp. 123–124.

período de forma impetuosa e indelicada, típica de quem ainda não aprendeu a controlar os impulsos juvenis. Em contraste, o comentário de Marcelo foi simples e profundamente respeitoso: "Sim, uma bela filha de Deus".[2]

Era uma atitude comum a ele. Marcelo Henrique Câmara, sempre que se deparava com uma mulher bonita, elevava seu coração a Deus, agradecendo-lhe pela beleza da criação. Ele a enxergava como uma bela filha de Deus e a respeitava, procurando sempre olhar em seu rosto.

A pureza de coração é fruto de diversas virtudes, como a humildade, a retidão de intenção, a lealdade, a fidelidade, a sinceridade e a generosidade. Em essência, provém de quase todas as bem-aventuranças. Pode-se afirmar que a pureza de coração é o resultado da presença do Espírito Santo na alma em estado de graça, fruto da santidade de vida. Contudo, considerando que já abordamos diversas virtudes cristãs sobre Marcelo Câmara, gostaria de focar em uma virtude fundamental para se alcançar a pureza de coração: a castidade.

A virtude da castidade nos permite discernir o que é verdadeiramente belo e profundamente aprazível, aquilo que satisfaz plenamente o nosso coração. Está diretamente ligada à nossa capacidade de perceber, aspirar e desfrutar do que realmente preenche o coração humano.

---

 (2) Ibid., p. 72, §1º.

Mencionamos que há realidades que, embora aparentemente feias, revelam-se profundamente belas para quem possui um coração puro. Da mesma forma, existem realidades que podem parecer belas, mas que, para uma pessoa com coração puro, são feias e até grotescas. Por exemplo, uma mulher exibindo de forma vulgar o seu bonito corpo, em uma academia ou em uma praia, é vista — por alguém de coração puro — como "feia", no sentido de algo que não está bem. E, ao considerarmos a pornografia, percebemos, com um coração puro, o quão grotesca e degradante ela é.

Deus nos criou para a contemplação que une todas as aspirações do coração humano. Trata-se de uma graça que Ele deseja nos conceder. No entanto, é também uma graça pela qual devemos lutar. É necessário dominar o nosso coração para que ele se torne capaz de receber e corresponder a esse dom divino.

Nas palavras de São Josemaria, a castidade

> é combate, mas não renúncia. Respondemos com uma afirmação gozosa, com uma entrega livre e alegre. O teu comportamento não há de limitar-se a evitar a queda, a ocasião. Não há de reduzir-se de maneira nenhuma a uma negação fria e matemática. Já te convenceste de que a castidade é uma virtude e de que, como tal, deve crescer e aperfeiçoar-se?[3]

---

(3) *Amigos de Deus*, n. 182.

A castidade é uma afirmação gozosa e sempre pode crescer.

A ideia da castidade como afirmação positiva contrasta com a visão equivocada que a reduz a mera negação, como se a virtude consistisse exclusivamente em evitar, negar ou reprimir desejos e pensamentos. Pelo contrário, a castidade é um sim ao amor autêntico, pois é o amor que justifica sua necessidade e lhe confere sentido.

É verdade que a castidade implica a recusa de certos atos ou atitudes que contradizem o amor verdadeiro e que, para qualquer pessoa sensata, são negações do próprio amor. No entanto, toda pessoa, no fundo, anseia por um amor que seja uma entrega de vida, uma doação incondicional, um amor fiel e fecundo que frutifique em uma família. É esse amor que verdadeiramente preenche o coração humano.

A virtude da castidade vai além da simples capacidade de resistir ou se opor às más inclinações: exige a educação dessas inclinações, direcionando-as para o verdadeiro bem da pessoa. A verdadeira virtude consiste em gozar e desfrutar do bem à medida que cresce em nós uma conaturalidade afetiva, uma espécie de cumplicidade com a bondade. Neste sentido, a temperança é a ordem na tendência natural ao prazer. Se o prazer fosse intrinsecamente mau, ordená-lo significaria anulá-lo. No entanto, o prazer é querido por Deus como um grande incentivo na busca pelo bem.

O prazer, em si, deve ser visto como indicador de algo valioso, de um bem a ser buscado, embora ele não determine, por si só, a quantidade ou a forma de buscar esse bem. Por exemplo: o prazer da comida nos faz apreciar o bem da nutrição, mas nem todos os alimentos, por mais prazerosos que sejam, são bons para todos. Para um diabético, comer um doce, um suspiro, um chocolate pode ser extremamente prazeroso, mas certamente não será benéfico.

O prazer sexual, por sua vez, torna agradável a relação conjugal, fortalecendo o amor dos cônjuges e incentivando a procriação e o crescimento da família. Contudo, nem todo prazer sexual é moralmente bom; se ocorre fora do contexto querido por Deus, torna-se degradante e impede a pureza do coração.

Pela razão, ou melhor, pela virtude da prudência, devemos discernir qual prazer é digno, belo e verdadeiramente bom. Devemos, portanto, ordenar a inclinação ao prazer. Se conseguirmos fazê-lo, transformaremos essa tendência em uma das nossas maiores aliadas na prática do bem e na busca de uma felicidade profunda.

Ordenar essa tendência não significa eliminar a atração pelo prazer, algo que, de fato, é impossível. Tampouco se trata de ignorá-la ou de viver como se não existisse, nem mesmo de reprimi-la. Ordenar a tendência ao prazer significa integrá-la ao bem da pessoa, conferindo unidade aos nossos desejos, de modo que se harmonizem progressivamente com a nossa identidade e a reforcem. Um coração impuro é um coração fragmentado e sem rumo; um coração puro, pelo contrário, é um coração unificado, com uma direção clara na vida.

Certa vez, Marcelinho disse em uma palestra para jovens: "Ou eu deixo meus instintos me dominarem e não vivo a vida de Deus, doador da graça santificante, e saio ficando, depois quem sabe fornicando... Ou busco outra opção! Busco a santidade!".[4]

Apesar de exigir certos "nãos", a castidade é, sobretudo, uma realidade profundamente positiva. É um "sim" ao amor verdadeiro, um "sim" à santidade. E foi exatamente esse o caminho que o servo de Deus Marcelo Henrique Câmara escolheu.

Uma das atitudes que mais incomodava Marcelo era o "ficar", prática marcada pela ausência de compromisso entre as pessoas envolvidas. O "ficar" pode variar desde um simples beijo até uma relação sexual, mas o que todos esses níveis têm em comum é a falta de qualquer compromisso com a outra pessoa.

Marcelo compreendia claramente, e comentava frequentemente, que não se pode dissociar tais manifestações de afeto do compromisso do namoro e da finalidade última de qualquer namoro cristão, que é o matrimônio. Para ele, o compromisso e a meta do matrimônio eram intrínsecos às expressões de afeto. Caso contrário, haveria uma banalização dos sentimentos e da dignidade da pessoa envolvida. Seria como brincar com os sentimentos alheios, podendo causar feridas e mágoas profundas.

---

 (4) RP, n. 191.

Assim dizia o Marcelinho: "Se queres ser cristão mesmo, valoriza efetivamente as pessoas que te cercam." E também: "No que concerne às relações afetivas, não 'fique', à moda dos pagãos, mas namore e viva no futuro o belo sacramento do matrimônio".[5]

Falando aos jovens sobre esse péssimo costume de "ficar" que se alastrou em nossa sociedade, Marcelinho, com seu característico bom humor dizia:

> Fique com Deus, e quem fica com ele com toda certeza não "fica"...
>
> O "ficar" por evidência não pode ser tido por adequado. Hoje em dia é absolutamente comum. Mas não é a normalidade da vida cristã, visto que a normalidade da vida cristã é a santidade.
>
> Alegre-se profundamente por ir contra a corrente!!! Se você fosse no sentido da maioria dos jovens, certamente não estaria seguindo a Cristo!!! Tenha força e conte com a graça de Deus!!! Santos namoros e santos matrimônios![6]

Interessante é perceber como o servo de Deus Marcelo Henrique Câmara viveu a realidade do namoro cristão. Com efeito, de forma alguma foi ele um puritano. Tratava-se de um jovem casto, que sabia respeitar e respeitar-se.[7]

---

(5) Ibid., n. 190.

(6) Ibid., n. 193.

(7) NCS, pp. 72–73.

Aos jovens dizia:

> O beijo é uma demonstração de afeto própria do namoro: namoro que é cristão na medida em que tem em vista um matrimônio. Cristão não "fica", namora. Cristão namora para trocar interioridades, não intimidades, e preparar-se para um santo matrimônio. Portanto, não namora para passar tempo ou a mão onde não deve.[8]

O respeito pela dignidade da mulher e o companheirismo foram virtudes comprovadas pela namorada Patrícia não somente durante o breve período de namoro:

> Namorei o Marcelo, meu companheiro do grupo de Emaús, que eu admirava por sua inteligência e seu comportamento. Tivemos um relacionamento efêmero, não sei se chegou a três meses, talvez devido às divergências de personalidade, que acabamos aceitando com maturidade. Guardo na memória o carinho que ele sempre teve comigo. Tivemos um namoro casto. Marcelo foi um homem íntegro, respeitador e muito companheiro. E continuou assim mesmo com o fim do relacionamento.[9]

Mesmo diante da incompatibilidade com sua namorada, Marcelinho demonstrou uma delicadeza e um

---

(8) Ibid., p. 72, §3º.

 (9) Ibid., p. 73, §2º.

respeito exemplares ao término do relacionamento. Ele presenteou a moça com um buquê de flores e uma carta em que expressava sinceros desejos do seu bem para o futuro, como sinal de carinho fraterno. Sua consideração e respeito pelas mulheres eram profundos.

Quando adoeceu, Marcelo optou por não buscar novos relacionamentos amorosos. Queria, antes de tudo, estar curado, pois não considerava justo iniciar um relacionamento sem a perspectiva clara de um futuro casamento. Havia também o receio de causar dor à namorada caso não sobrevivesse ao câncer.

Mesmo solteiro, Marcelo era um profundo estudioso da fé e da moral cristã, e se dedicou a refletir sobre a abertura à vida dentro do matrimônio. Via os filhos como uma bênção de Deus para o casal e apreciava os casais que, cumprindo a vontade divina dentro de suas possibilidades, optavam por ter famílias numerosas. Contudo, também compreendia que, em certas circunstâncias, o casal poderia discernir, em oração, se era da vontade de Deus que tivessem outro filho naquele momento específico de suas vidas. Caso discernissem que era necessário espaçar os filhos, deveriam fazê-lo utilizando-se dos períodos infecundos da mulher, promovendo assim o amor conjugal.

Com total fidelidade ao Magistério da Igreja e uma firme convicção sobre a castidade como virtude tanto para solteiros quanto para casados, Marcelo se expressou publicamente sobre esse tema no fórum de Emaús, no dia 4 de agosto de 2000:

> No que se refere aos métodos naturais, basta pararmos para meditar sobre o tema que as luzes da nossa razão e de nossa fé nos levarão a aderir com todo o nosso coração ao Magistério. Queridos: há duas opções para o casal: ou ele escolhe um período fértil para o ato de doação que é o relacionamento afetivo-sexual, ou escolhe um período infértil. Ao escolher o período fértil, não deve o casal fechar-se ao dom de Deus que o filho significa! Não deve "dizer" ao bom Deus que quer apenas aquele momento, sem abrir espaço para que se faça a vontade dEle! O recurso ao período infértil, de forma absolutamente natural, é a forma adequada para se planejar a família! Que forma bonita, repleta de solidariedade e temperança! O verdadeiro amor sabe esperar, e mesmo se alegra em esperar e aderir ao desígnio de Deus. Mas não se iludam, caríssimos, isto é obra da graça, não é obra meramente humana! É belo o casal reforçar-se na mística de ser "uma só carne", como Cristo é um com a Igreja, também através do solidário e paciente aguardar que o uso do método natural proporciona. Parabéns aos irmãos que trabalham na divulgação dos métodos naturais, que Deus os abençoe![10]

Retomando a bem-aventurança: "Bem-aventurados os puros de coração, porque verão a Deus" (Mt 5, 8), podemos entender que Jesus não está apenas

---

(10) Ibid., p. 74, §1º.

afirmando que os impuros de coração serão impedidos de ver a Deus, mas sim que a contemplação de Deus requer a pureza de coração.

As pessoas contemplativas têm a capacidade de identificar a presença de Deus em cada pessoa e em cada situação cotidiana, enquanto aqueles que não cultivam a contemplação podem não perceber a presença divina e até acreditar que a castidade limita sua liberdade. Contudo, o contrário é que é verdadeiro: os castos são verdadeiramente livres, pois são capazes de reconhecer e alcançar o bem do amor puro.

Como podemos nos tornar contemplativos? Em primeiro lugar, por meio da identificação com Cristo, que só é possível pela graça de Deus, a qual nos permite participar de sua vida divina. Para isso, é fundamental que recorramos às fontes da graça: os sacramentos da Eucaristia e da confissão. Crescemos na amizade e intimidade com Deus por meio da vida de oração, buscando Sua presença ao longo do dia e esforçando-nos por cumprir Sua santa vontade. A devoção à Mãe de Deus, medianeira de todas as graças, também é essencial.

Além disso, é necessário evitar tudo aquilo que possa diminuir a presença de Deus em nossas vidas, como a dispersão da vista e da imaginação, e colocar limites à curiosidade excessiva, bem como evitar o ócio, que pode nos levar a perder o rumo. Navegar na *internet* sem objetivo, deixando-se levar por qualquer vento, é um caminho fácil para se perder e acabar em um lugar indesejado.

Crescer na virtude da fortaleza é igualmente importante, pois sem ela é difícil manter o rumo em meio às provações e tentações de um mundo hipersensualizado. A fortaleza, nós a cultivamos pela constância nas pequenas mortificações no trabalho, nas relações com os outros e nos gostos pessoais, sendo fiéis às graças atuais que Deus nos concede.

A sinceridade é outra virtude crucial: ter a simplicidade de falar sobre o que nos acontece interiormente é um modo eficaz de oxigenar o coração e impedir que ele se intoxique com afetos que são pequenos demais para sua grandeza.

As amizades e todas as relações humanas nobres também desempenham um papel vital. Enquanto o isolamento e o fechamento em si mesmo são fontes fáceis de infecções espirituais, a dedicação sincera aos outros mantém o coração saudável.

É igualmente conveniente desenvolver interesses culturais de valor, como a boa literatura, o bom cinema e a bela música, que ajudam a refinar a sensibilidade estética e o sentido da beleza. Quem se acostuma apenas com entretenimentos banais ou de alta intensidade emocional precisará de um esforço notável para dominar-se quando essas emoções se manifestarem na esfera sexual.

Cultivar um ambiente interior limpo, luminoso e afirmativo é muito mais belo e eficaz. Nosso coração não foi feito para menos do que isso: para desfrutar da beleza de Deus já nesta vida e por toda a eternidade.

Todos esses meios foram cuidadosamente cultivados pelo servo de Deus Marcelo Henrique Câmara ao longo de sua vida, levando-o a buscar com generosidade o dom de um coração puro e contemplativo.

Exame sobre a castidade e a pureza de coração

1. Compreendo que a castidade é uma afirmação gozosa do amor a Deus, e não apenas uma simples continência?

2. Reconheço que as faltas de pureza embrutecem a alma, tornando-a incapaz de saborear as coisas de Deus e de amar verdadeiramente? Compreendo que a pureza de coração me permite afastar a malícia e contemplar o que é verdadeiramente belo e bom na criação de Deus?

3. Fujo generosamente das ocasiões de pecado? Aproveito bem o tempo e evito conversas e espetáculos que incentivam a sensualidade? Seleciono bem os conteúdos que acesso nas redes sociais e na televisão, evitando indicar aos outros qualquer material indecente?

4. Pratico a mortificação da curiosidade e da imaginação? Procuro guardar a vista, olhando de forma respeitosa para as pessoas? Valorizo os detalhes de pudor e modéstia no vestir, para proteger a pureza?

5. Entendo que viver a pureza cristã pode causar estranhamento em uma sociedade paganizada e estou disposto(a) e preparado(a) a ir contra a corrente?

6. Procuro apagar as tentações de luxúria, cortando-as de imediato, evitando que se tornem incêndios incontroláveis?

7. Vejo a castidade como uma expressão de amor total a Deus e ao cônjuge? Reconheço a dignidade do

sexo como participação do poder criador de Deus, manifestação de amor generoso entre os esposos e concretização do grande sacramento do matrimônio?

8. Cultivo a pureza de coração através de virtudes como a humildade, a fidelidade, a sinceridade e a generosidade?

9. Conservo a castidade de acordo com meu estado de vida? Rejeito a cultura do “ficar”? Valorizo o compromisso e o ideal do matrimônio cristão no meu comportamento e em minhas conversas?

10. Recorro aos sacramentos, à oração e à devoção a Nossa Senhora para purificar meu coração e crescer na amizade com Deus?

Coração pacificador de um filho de Deus

Bem-aventurados os pacificadores, porque serão chamados filhos de Deus.
— Mt 5, 9

Ao felicitarmos alguém pelo seu aniversário ou pelo início de um novo ano, é comum desejarmos a felicidade. As pessoas, nesses casos, geralmente expressam aspirações que consideram essenciais para alcançar a felicidade. Aqueles com uma visão mais materialista da vida tendem a almejar bens materiais ou corporais, como dinheiro e saúde. No entanto, é normal que nós, os cristãos, desejemos valores mais profundos, como alegria e paz. Reconhecemos que a verdadeira felicidade só é alcançada quando estamos em paz com nós mesmos e com os outros.

Os judeus tradicionalmente se cumprimentavam com a palavra *shalom*, que significa "paz". Jesus Cristo, ao ressuscitar, disse: "A paz esteja convosco". Os primeiros cristãos também se saudavam com votos de paz. São Paulo, São Pedro e São João iniciam quase todas as suas cartas desejando a graça de Deus e a paz de Cristo. Assim, tornou-se um costume cristão desejar a paz. Durante a Missa, quando saudamos os demais, também desejamos a paz de Cristo.

Marcelo Henrique Câmara adotou a expressão cristã de origem franciscana "paz e bem" ao cumprimentar as pessoas, uma saudação muito utilizada em diversos ambientes cristãos. Com seus irmãos na vocação ao Opus Dei, cumprimentava-os como São Josemaria Escrivá havia previsto, dizendo *pax* [a paz] aos que encontrava e respondendo *in aeternum* [para sempre] àqueles que lha desejavam.

A paz é um verdadeiro dom de Deus, um de seus dons mais preciosos. Jesus afirmou: "Deixo-vos a paz, a minha paz vos dou; eu não vo-la dou como o mundo a dá. Não se turbe o vosso coração, nem se atemorize" (Jo 14, 27). A paz que Cristo nos concede é a paz interior, a paz da consciência, um coração sereno porque nele reina Deus. A paz prevalece quando não há conflito interior, quando não há resistência à vontade divina. Como diz a Bíblia: "Meus pensamentos são de paz, e não de aflição" (Jr 29, 11).

Quando lutamos e vencemos o mal e o pecado que tentam nos dominar, encontramos a paz interior. Se nos deixamos levar pelos pecados, certamente não a encontraremos. Os pecados perturbam a paz do espírito e geram tensões, conflitos e aflições em nosso íntimo. E, ao perder a paz, nos predispomos a iniciar um "conflito armado" contra alguém. Empunhamos facilmente "as armas de guerra" da crítica, da ironia, da provocação e dos insultos.

Como disse o próprio Cristo: "Todos aqueles que se servem da espada morrerão pela espada" (Mt 26, 52). Todos que entram em conflito, que empunham as armas de guerra, acabam se ferindo e colhem o que semeiam. Se desejamos viver em paz com todos, devemos "assinar um tratado de paz" regido pela lei do amor.

Se possuímos a paz de espírito, adotaremos atitudes próprias de um pacificador, como saber ceder em temas opináveis e de pouca importância, tranquilizar as pessoas com palavras de alento e incentivo e gerar concórdia entre aqueles com quem convivemos. Marcelinho dizia a esse respeito:

> Não é possível que uma religião vivida com efetiva intensidade não conduza a uma transformação de vida. É dizer: religião vivida com sinceridade, religião vivida com lealdade, com coerência, conduz a uma transformação. Uma dessas transformações é a pacificação pessoal, antes de mais nada.[1]
>
> Se queremos levar a paz, e levar a paz que é de Cristo, temos de ter Cristo conosco de um modo sincero e levá-lO adiante através das atitudes que caracterizam, que norteiam, que fundamentam o nosso dia a dia.[2]

---

(1) RP, n. 140.

(2) Ibid., n. 141.

Marcelo possuía a paz interior proveniente da profunda intimidade com Deus. Atribuía a paz à vida de oração:

> A pacificação interna, me parece, passa pela oração.[3]

> A oração traz paz. Por quê? Porque rezar é falar com Deus. Se falas com Deus, Deus não te ensinará outro caminho senão o caminho da paz. E se O escutas, e se O consideras, certamente trilharás esse caminho.[4]

E transmitia essa paz aos demais ao seu redor. A sentença do Sermão da Montanha: "Bem-aventurados os pacificadores, porque serão chamados filhos de Deus", indica que um filho de Deus que goza da paz interior passa a ser um pacificador onde quer que se encontre. Marcelinho dizia:

> Portanto, como pensar que é possível estruturar uma vida de fé apartada de uma vida de pacificação, antes de mais nada interior, que se reflete depois em nossa família, que se reflete no ambiente de trabalho[?] Este ambiente, aliás, deve ser para nós um ambiente especialmente considerado.[5]

---

(3) Ibid., n. 144.

(4) Ibid., n. 145.

(5) Ibid., n. 142.

> Se não construímos paz na nossa família e paz no nosso trabalho, onde construiremos? Se a maior parte da vida vivemos na família e no trabalho[...] Não é possível vida coerente de fé na ausência de uma vida de pacificação. Pacificação interna.[6]

São muitos os testemunhos de que o Marcelinho sempre se dedicava a semear a paz ao seu redor, dos quais apresentaremos apenas alguns.

Merece registro o depoimento de Alexandra Vieira, conhecida como "tia Xanda" na Casa-Lar. Era uma funcionária que se assemelhava a uma mãe para os meninos.

> Quando conheci Marcelo na Casa-Lar, eu sempre comentava com os guris que ele nos trazia paz. Muitas vezes a casa estava muito agitada, mas, quando ele chegava com sua serenidade, parávamos de falar. Observávamos aquele "boa tarde" ou "boa noite" tão diferente que a agitação sumia de uma tal maneira que, no dia seguinte, no café da manhã, um dos meninos saía da casa, fechava a porta e entrava na casa imitando o Marcelo. Para os meninos, ele trazia muita coisa maravilhosa.[7]

Entre as lembranças da tia Xanda está a frase do Marcelo que era imitada por um dos meninos em

(6) Ibid., n. 143.

(7) NCS, p. 59, §3º.

tom de brincadeira, mas que repercutia no grupo acalmando os ânimos.

> Sempre que havia agitação geral, um dos meninos me olhava e logo acalmava todos, dizendo: "Bom dia, queridos. Por que toda essa agitação se vocês têm uma mesa com muitos alimentos e pessoas que cuidam de todos vocês com muito amor e dedicação? Então, vamos nos sentar e agradecer a Deus por tudo". Era incrível, mas aquele dia ficava muito diferente.[8]

Significativo foi também o depoimento de Felipe Juliano Cardoso, conhecido do Marcelinho:

> Mais ou menos por volta de 2004, eu estava trabalhando numa empresa que fica na Rua Bocaiúva, e me lembro de encontrar com o Marcelo ocasionalmente em duas oportunidades próximo a esta rua, quase em frente à igrejinha do Largo São Sebastião, sempre por volta das 18h. Da primeira vez, eu estava muito chateado, caminhando cabisbaixo e com raiva de algo de que não me recordo. Alguma situação tola estava me aborrecendo. Ao encontrá-lo e ao cumprimentá-lo, eu senti, de um segundo para o outro, uma sensação estranha, muito boa, maravilhosa, inexplicável. Tudo aquilo de ruim foi embora instantaneamente. Eu o cumprimentei,

 (8) Ibid., p. 60, §1º.

trocamos poucas palavras e seguimos nosso rumo. Eu era outro. Escrevo isso agora com lágrimas nos olhos, porque só eu sei o que senti. Naquele momento eu me sentia renovado, tranquilo e em paz. Nunca vou esquecer. Da segunda vez, próximo ao mesmo local de antes, eu estava acompanhado de meus questionamentos, de minhas dúvidas e incertezas, principalmente no que se referiam às coisas da Igreja. Ao me deparar com ele, depois de cumprimentá-lo e receber um grande sorriso, mesmo não tendo intimidade de amigo, eu lhe disse: "Olha, amigo, não sei o que é que acontece, mas me faz um bem tão grande quando te encontro. Como é bom te encontrar e falar contigo". A vergonha me impediu de pedir-lhe um abraço. Ele me respondeu sorrindo: "Puxa, como é bom ouvir isso, amigo". Conversamos por alguns minutos — eu falava do meu casamento, e lembro vagamente que, entre outras coisas, ele falava do seu mestrado —, e lá estava eu ganhando de presente, mais uma vez, aquela sensação, como se eu estivesse por poucos segundos sentindo Cristo muito próximo, cuidando de mim, me incentivando na fé. Uma sensação de paz indescritível, de felicidade imensa. Não consigo descrever direito. Era como se tudo fosse uma mensagem que não vinha por palavras, por conselhos, nem por gestos; era sentimento, era estar próximo. Ele refletia algo indescritível.[9]

(9) Ibid., pp. 63-64.

Percebemos que se cumpria na vida de Marcelo Henrique Câmara o que o fundador do Opus Dei escreveu em seus apontamentos íntimos, após experimentar intensamente o dom da piedade, que nos faz saber e saborear a realidade da filiação divina:

> Compreendi que a filiação divina devia ser uma característica fundamental da nossa espiritualidade: *Abba, Pater*! E que, ao viverem a filiação divina, os meus filhos estariam cheios de alegria e de paz, protegidos por um muro inexpugnável; que saberiam ser apóstolos desta alegria, e saberiam comunicar a sua paz, também no sofrimento próprio ou alheio. Justamente por isso: porque estamos persuadidos de que Deus é nosso Pai.[10]

A consciência da filiação divina nos faz compreender que nada pode nos separar do amor de Deus, que é um amor infinito e paternal. Deus deseja nosso bem acima de tudo. Se compreendermos isso, consequentemente nos sentiremos seguros no amor, acompanhados por Deus Pai e amados com um amor de predileção.

Como é consolador saber que Deus é um Pai que nos olha com carinho e sente orgulho de nós! Para Ele, somos importantes, únicos e insubstituíveis. Como é reconfortante saber que Deus nos ama apesar de todas as nossas falhas e que não olha com repugnância para

---

(10) "*Abba*, Pai!", em 16 de outubro de 1931. Disponível em: <https://opusdei.org/pt-br/article/16-de-outubro-de-1931-abba-pai/>.

nossos defeitos (ao contrário de nós mesmos, que frequentemente o fazemos). Ele sempre nos perdoa e espera por nós! Deus é o pai da parábola do filho pródigo, que sai ao nosso encontro, nos abraça e celebra nosso retorno, nosso arrependimento e nossa confissão. Nosso Deus é um Pai sempre disposto a perdoar.

Que segurança e que alegria é saber-nos protegidos, amparados e amados pelo próprio Deus, que é o amor em sua essência. Deus nos adotou como filhos e, sendo um Pai terno, espera que O tratemos com a simplicidade e a ternura de uma criança em relação ao seu pai.

O principal caminho para vivermos cada vez mais conscientemente a filiação divina é a união vital com Cristo, o Filho Unigênito do Pai, através da oração, do sacrifício, do trabalho e do apostolado.

São Josemaria Escrivá caracterizou a vivência da filiação divina como "um desejo ardente e sincero, terno e profundo ao mesmo tempo, de imitar Jesus Cristo como irmãos seus, filhos de Deus Pai, e de estar sempre na presença de Deus; filiação que leva a viver uma vida de fé na Providência, e que facilita a entrega serena e alegre à vontade divina".[11]

O servo de Deus Marcelo Câmara buscava a imitação de Cristo. Era apaixonado pelos mistérios da encarnação e do nascimento de Jesus. Via nesses mistérios a

---

(11) Testemunho de Monsenhor Javier Echevarría, prelado do Opus Dei, *Summarium* da causa de beatificação e canonização. *Positio super vita et virtutibus*. Roma, 1988, citado no volume III de A. Vázquez de Prada, *O fundador do Opus Dei*.

declaração do amor de Deus por nós. Ele expressava: "Colocando-se entre Suas criaturas, na forma singela de um menino, Jesus Cristo — Deus que assume a natureza humana — começa a dar Seu testemunho de amor pela humanidade".[12]

Este mistério permite que nós, homens, nos tornemos filhos de Deus, visto que o Filho de Deus se fez homem. Passamos a ter intimidade com a Santíssima Trindade, e assim podemos participar de todos os mistérios de Deus, como bem explica Marcelinho:

> Mistério que dividiu a história, mistério que atua em minha vida e em tua vida. O mistério da redenção que se dá pela ação do Filho, e o mistério da santificação que se dá pela ação do Espírito. Vê-se, portanto, que o Espírito de Deus doa-se a nós e nos transforma, nos dá noção da filiação divina. É por Ele que dizemos a Deus Pai: *Abba*, "Paizinho". Doando-se a nós, doação que implicou um custo elevadíssimo, a partida de Cristo mediante morte, morte de Cruz, Ele orna nossa existência com dons preciosos.[13]

Marcelinho percebe que essa doação e esse aniquilamento se dão por Sua infinita misericórdia e

---

(12) RP, n. 5.

 (13) NCS, p. 85, último parágrafo.

pelo desejo de salvar os homens: "Quão grande é o amor de Deus! Perfeito em si mesmo, assume a forma humana — bem como muitas de suas decorrências: nossas necessidades, doenças, sofrimentos, lágrimas (!) — para resgatar-nos de nossas profundas imperfeições".[14]

Em uma palestra, comenta: "Deus verdadeiro e homem verdadeiro, participante da natureza humana e divina simultaneamente, Jesus Cristo veio divinizar a humanidade e derrotar justamente aquele mal que nos aflige e não O aflige: veio ser o Cordeiro de Deus, que tira o pecado do mundo".[15]

Deus nos amou primeiro, e por isso devemos amá-lO. Devemos corresponder a tanto amor. Marcelinho conclui: "Deve ser por todos amado, adorado e glorificado".[16]

O servo de Deus Marcelo Câmara tira consequências práticas dessa realidade. A primeira conclusão é de cunho apostólico: "Antes de mais nada, é preciso falar para os homens a respeito do amor de Nosso Senhor. É o amor de Deus que nos leva a crermos nEle, a nos entregarmos a Ele e a reconhecermos nEle o princípio e o fim da nossa existência".[17]

A segunda conclusão diz respeito à vida moral: "Em verdade, o ensinamento moral só ganha sentido

---

(14) RP, n. 3.

(15) Ibid., n. 10.

(16) Ibid., n. 8.

(17) Ibid., n. 1.

em nossa vida quando nos 'deparamos' com o grande amor de Deus".[18]

Maria Zoê também salienta como essa realidade repercutia na sua vida de oração:

> Marcelo nutria o desejo de estar a sós com o Senhor ao longo do dia, em meio às tantas tarefas da rotina diária. Desejava crescer no amor, ter mais presença de Deus. As práticas espirituais a que se propôs, e que fizeram parte da vida dos santos reconhecidos pela Igreja, tornaram-se o local do encontro com alguém que se ama, fonte da paz e da alegria que ele irradiava em meio às suas ocupações comuns. O compromisso com o seu plano de vida espiritual era uma questão de amor, de querer e de necessitar estar com o Mestre. Momento de esvaziar-se de si mesmo para encher-se de Deus.[19]

O amor de Deus e a necessidade de correspondência a esse imenso amor são contemplados especialmente pelo servo de Deus no tempo do Advento e do Natal. Recordemos suas palavras a esse respeito: "Há um lugar especial no qual Jesus quer ser acolhido, e o Advento e o Natal são sempre propícios para fazermos memória disto: no coração de cada

---

(18) Ibid.

(19) NCS, pp. 99-100.

homem — independente de qualidades, condição social, raça, língua —, Jesus quer estabelecer morada".[20] E continua:

> É inegável, de qualquer forma, que a proximidade do Natal nos torna mais presente a imagem do Menino Jesus, de modo que se faz mais frequente a nossa reflexão sobre o grande amor de Deus manifestado no nascimento de seu Filho Unigênito, cheio de graça e de verdade, para dar ao mundo uma nova vida.[21]

Seguindo o exemplo de São Josemaria Escrivá, especialmente durante o Advento e o Natal, o servo de Deus também procurava percorrer o caminho da infância espiritual. Meditando no Natal, buscava pôr em prática os conselhos dados pelo fundador do Opus Dei no prólogo do livro *Santo Rosário*:

> Hei de contar a esses homens um segredo que muito bem pode ser o começo desse caminho por onde Cristo quer que andem. Meu amigo: se tens desejos de ser grande, faz-te pequeno. Para ser pequeno, é preciso crer como creem as crianças, amar como amam as crianças, abandonar-se como se abandonam as crianças [...], rezar como rezam as crianças. [...] Faz-te pequeno. Vem comigo e —

---

(20) RP, n. 14.

(21) Ibid., n. 4.

este é o nervo da minha confidência — viveremos a vida de Jesus, Maria e José.[22]

E São Josemaria aconselhava: "Não tenhas receio se, ao meditares por tua conta, te escapam afetos e palavras audazes e pueris. Jesus quer isso mesmo".[23]

Marcelinho vive esses conselhos à risca, como notamos nas suas ternas e pueris palavras sobre o nascimento do Filho de Deus em Belém:

> Jesus nasceu! Mas vocês já pararam para pensar nisso diante do presépio?! Não percam tempo: entrem na gruta de Belém e peçam, bem abusados, a São José e a Santa Maria, para pegar o Menino no colo... Eles são bondosos e, ao verem o amor de vocês — e a intimidade que vocês têm com o Menino —, deixarão com muita alegria. Então, após acomodar o Menino com o maior carinho, mas que carinho com Ele!, digam, bem baixinho, talvez com uma lagrimazinha nos olhos, o quanto vocês O amam, o quanto vocês O querem... E que, se não fosse Ele, o que seria da gente?! A quem iríamos, Santo Menininho? Ao chegarem os pastores, expliquem tudo direitinho: que vocês estão com São José e Santa Maria, a cuidar do bebezinho! E ensinem a eles aquele canto, uma cantiga para dormir, pois o Menino está cansadinho... Descer

(22) São Josemaria Escrivá, *Santo Rosário*, Introdução.

(23) Ibid., Conclusão.

> do Céu dá algum trabalho, não é mesmo?! E cantem devagarinho, com o amor de irmãozinhos, ao irmão pequenininho, que nos veio salvar... Peçam ao Menino, segredando em seu ouvidinho, que quando ele ficar grandinho, e já for um doce passado esta noite, tão feliz!, em Belém estrelada, que Ele se lembre — é um Menino tão sabido — desta nossa amável visita de Natal.[24]

O amor afetuoso de Marcelo Câmara por Jesus é também um amor efetivo, que leva ao desejo de cumprir esmeradamente a vontade de Deus Pai. Como diz o Salmo 39: "Eis que venho fazer com prazer a sua vontade, Senhor". São palavras de Marcelinho:

> Deus nos pede para que cada um de nós, de maneira sincera, sem reservas, sem limites, de maneira integral, nos alinhemos àquilo que Ele espera de cada um de nós. E, no fundo, no fundo, meus santos, o que Ele espera de cada um de nós é que sejamos felizes, e o caminho que Ele nos propõe é esse, um caminho de felicidade, um caminho de felicidade que passa pela realização, na nossa vida, da vontade dEle, para que a nossa vida se misture, se confunda, mantenha comunhão com a vida dEle.[25]

A santidade, além de ser vista como correspondência ao amor de Cristo, também é vista como

(24) RP, n. 11.

(25) Ibid., n. 123.

ação de Deus na nossa alma, que nos santifica pelas graças que nos concede. Não se trata tanto de uma luta voluntarista pela santidade ou pela perfeição, mas de deixar Deus agir em nós. Dele recebemos graça sobre graça (cf. Jo 1, 16). Marcelinho tinha isso claro:

> Nós contamos com a graça. A graça é a força que vem de Deus e nos permite nos assemelharmos a Ele, nos permite viver aquela vida que Ele espera de nós, nos permite observar a fé, é dizer, tudo aquilo quanto devemos crer e, através da nossa crença, transformar em nossa existência, em nossa vida.[26]

A nossa adoção por parte de Deus Pai não é simplesmente externa. O Espírito de Deus, o Espírito Santo, passa a estar na nossa alma em graça. A vida divina torna-se presente em nós. Somos filhos de Deus porque Deus nos gera a sua própria vida divina. Aos gálatas, São Paulo escreve: "E a prova de que sois filhos é que Deus enviou aos nossos corações o Espírito de seu Filho, que clama: *Abba*, 'ó Pai'" (Gl 4, 4-7). Na nossa alma humana há vida divina, como acontecia na alma humana de Cristo: a mesma graça, a mesma vida divina, de que a alma de Cristo estava repleta. A graça nos identifica interiormente com Cristo. Nesse sentido, somos Cristos, ungidos

(26) Ibid., n. 20.

pelo Espírito Santo; nesse sentido, somos verdadeiramente filhos de Deus.

É impressionante: nós, cristãos, estamos chamados a ser outros Cristos. Deus Pai, ao ver uma pessoa com a alma em graça e atuando para agradá-lO e fazer a Sua vontade, vê de certa forma a Cristo, vê o Filho.

Estamos chamados a identificar-nos com Cristo, a reproduzir em nossa vida a vida de Cristo, Seus sentimentos: quando sorrimos no final da tarde ao chegarmos cansados em casa; quando ouvimos com interesse as demais pessoas da família, no jantar e na tertúlia da noite; quando nos preocupamos ativamente com a santidade das pessoas com quem convivemos... Somos Cristo que passa na vida dos outros. É algo para se admirar, para se impressionar, para não se acostumar nunca: temos a possibilidade de viver uma vida divina, ser outro Cristo, o próprio Cristo a cada dia!

A cada dia podemos sacrificar-nos como Cristo, através das nossas mortificações. Podemos trabalhar como Cristo, que fazia tudo bem feito e redimia a humanidade através do seu trabalho. Podemos transmitir a paz aos demais como Cristo fazia.

Marcelinho nos anima a recorrer a Nossa Senhora para que tenhamos um coração de filho de Deus, um coração pacificador, com as seguintes palavras:

> A Sagrada Escritura, é bastante clara quando diz, a respeito da paz, que a paz tem um príncipe:

Cristo, Jesus Cristo. Jesus Cristo apresenta-se na revelação como o Príncipe da Paz.[27]

O Senhor é Príncipe da Paz; a Senhora, Rainha da Paz.[28]

(27) Ibid., n. 130.

(28) Ibid., n. 129.

Exame sobre a pacificação e a filiação divina

1. A paz que desejo aos outros reflete realmente a paz interior que possuo? Procuro cultivar essa paz interior para compartilhá-la com os demais?

2. Como lido com os conflitos interiores gerados pelos meus pecados? Procuro a confissão frequente e luto para extirpar os pecados capitais que mais me dominam? Quais passos posso tomar para realizar a vontade de Deus e alcançar a paz da consciência?

3. Empunho "as armas de guerra" da crítica, da ironia, da provocação e dos insultos? Procuro substituir essas reações por atitudes pacificadoras?

4. Esforço-me para tranquilizar as pessoas ao meu redor com palavras de alento e incentivo? Sei ceder facilmente em temas que não são importantes, visando a paz com quem convivo? Gero concórdia no meu ambiente?

5. Sou consciente de que a minha paz interior depende da minha vida de oração? Dedico-me à oração em busca de paz interior? Como posso aprofundar minha vida de oração?

6. Como posso refletir a paz de Cristo em meu ambiente de trabalho e na minha família? Existem áreas específicas nas quais sinto que preciso melhorar?

7. A filiação divina me faz sentir seguro e amado por Deus? Como a consciência da filiação divina influencia minha vida diária e minhas interações com os outros?

8. Peço a Deus a graça de ter um "um desejo ardente e sincero, terno e profundo ao mesmo tempo, de imitar Jesus Cristo como irmãos seus, filhos de Deus Pai, e de estar sempre na presença de Deus"? Tenho fé na Providência Divina, que se manifesta na entrega serena e alegre à vontade divina?

9. Marcelo Henrique Câmara se esforçava por semear a paz nos ambientes em que vivia. Tenho procurado viver com a consciência de que, como filho(a) de Deus, sou chamado(a) a promover a paz e a reconciliação no meu dia a dia?

10. Recorro à intercessão de Nossa Senhora para ter um coração pacificador? Invoco a Rainha da Paz nas minhas orações diárias?

Coração sacrificado e imolado na cruz

Bem-aventurados os que são perseguidos por causa da justiça, porque deles é o reino dos Céus.
— Mt 5, 10

Nosso Senhor Jesus Cristo frequentemente abordou o tema da cruz. Muitas vezes o fez de maneira indireta, apenas mencionando o sofrimento, a perseguição e a calúnia que seus discípulos haveriam de enfrentar. Um exemplo claro dessa abordagem encontra-se no Sermão da Montanha, em que disse:

> Bem-aventurados os que são perseguidos por causa da justiça, porque deles é o reino dos Céus! Bem-aventurados sereis quando vos caluniarem, quando vos perseguirem e disserem falsamente todo o mal contra vós por causa de mim. Alegrai-vos e exultai, porque será grande a vossa recompensa nos Céus (Mt 5, 10-12).

Nosso Senhor Jesus Cristo promete a alegria e a felicidade àqueles que sofrem por Deus, assegurando que tais sofrimentos não são em vão, mas uma bem-aventurança.

Em outras ocasiões, todavia, Ele aborda a cruz de forma direta e clara: "Quem não toma a sua cruz e não me segue não é digno de mim" (Mt 10, 38). Tomar a cruz é, portanto, uma condição indispensável para sermos dignos de Deus.

Cristo também disse aos seus discípulos: "Se alguém quiser vir comigo, renuncie-se a si mesmo, tome sua cruz e siga-me" (Mt 16, 24). A renúncia e a aceitação da cruz são fundamentais para seguir a Cristo. Naquele tempo, contudo, seus seguidores ainda não compreendiam plenamente o significado da cruz, pois sua mensagem era inovadora e revolucionária. Estavam acostumados a considerar o sofrimento, a dor, as perseguições, as calúnias e a renúncia como obstáculos à felicidade, como algo a ser evitado a todo custo.

Na época de Cristo, a cruz era vista como um instrumento terrível e desumano de execução, destinado a infligir uma morte dolorosa, humilhante e vergonhosa. Tinha por objetivo saciar o desejo de justiça e servir como exemplo para os criminosos. Pedro, movido por seu amor por Jesus, tentou impedir que Ele enfrentasse sua Paixão, mas foi prontamente repreendido: "Afasta-te de mim, Satanás! [...] Tu não pensas como Deus, mas como os homens" (Mt 16, 23).

No dia da Paixão, os apóstolos, exceto o discípulo amado, São João, fugiram da Cruz. Eles só compreenderam verdadeiramente o significado deste ensinamento após a Ressurreição do Senhor. Foi então que perceberam como Deus faz novas todas as coisas e assimilaram que a Cruz havia se tornado:

- O instrumento de redenção e salvação, purificando os pecados da humanidade.
- A maior manifestação do amor de Deus por nós e do amor de Cristo por seu Pai.
- O momento da vitória definitiva de Deus sobre o Demônio, o pecado e a morte.
- A fonte de toda graça que recebemos em nossa vida sobrenatural.

Os primeiros cristãos desenvolveram um amor ardente pela Cruz de Cristo, enfrentando as perseguições e os ultrajes com alegria, considerando-se até mesmo indignos de sofrer por Deus, como exemplificado por São Pedro e São João. Os mártires, por sua vez, viam sua morte como uma identificação plena com Cristo, e por isso aceitavam o martírio de forma livre, como expressão máxima da fé e do amor que os conduziriam ao amor eterno de Deus.

A Cruz do Senhor tornou-se a nova sabedoria central no cristianismo, ocupando o centro da vida e pregação de Cristo. Ela representa uma ciência divina: a ciência da Cruz. São Paulo, em suas epístolas, escreveu abundantemente sobre este tema, destacando essa sabedoria como pilar fundamental da fé cristã.

> Os judeus pedem milagres, os gregos reclamam sabedoria; mas nós pregamos Cristo crucificado,

escândalo para os judeus e loucura para os pagãos; mas, para os eleitos — quer judeus quer gregos —, força de Deus e sabedoria de Deus (1 Cor 1, 22-24).

Julguei não dever saber coisa alguma entre vós, senão Jesus Cristo, e Jesus Cristo crucificado, [...] para que vossa fé não se baseasse na sabedoria dos homens, mas no poder de Deus (1 Cor 2, 2.5).

Entretanto, o que pregamos [...] é uma sabedoria [...]. Pregamos a sabedoria de Deus, misteriosa e oculta (1 Cor 2, 7).

A ciência da Cruz de Cristo, embora misteriosa e oculta, revela-se como a mais elevada de todas as sabedorias:

- É a sabedoria que nos liberta de qualquer revolta interior, pois nos ensina a desejar cumprir a vontade do Pai em todas as circunstâncias, ainda que isso implique sofrimento e sacrifício.
- É a ciência que nos concede serenidade e paz diante das injustiças, contradições e enfermidades, permitindo-nos identificar com Cristo em sua Paixão.
- É a sabedoria que nos capacita a transformar todas as situações, mesmo as mais adversas, em oportunidades de manifestar nosso amor a Deus, gerando em nós uma alegria imensa.

- Ao abraçarmos o sacrifício e a renúncia, aceitando nossa cruz com amor, Deus, em sua infinita misericórdia, assume a maior parte do peso que carregamos.
- A cruz nos amadurece espiritualmente, moldando-nos à imagem de Cristo e aproximando-nos dEle.
- A cruz, paradoxalmente, nos traz uma felicidade profunda, mesmo quando as circunstâncias humanas parecem desfavoráveis.

São Josemaria Escrivá, que vivenciou profundamente a ciência da Cruz, ilumina a razão pela qual encontramos a verdadeira felicidade nela: porque na Cruz se revela o amor supremo de Cristo por nós e nossa correspondência a esse amor, fazendo-nos partícipes de sua redenção e da alegria eterna que provém de viver em conformidade com a vontade divina. "Ter a cruz é encontrar a felicidade, a alegria. E a razão — vejo com mais clareza do que nunca — é esta: ter a cruz é identificar-se com Cristo, é ser Cristo, e, por isso, ser filhos de Deus... Vale a pena pregar-se na cruz, porque é entrar na vida, embriagar-se na vida de Cristo".[1]

Este entendimento profundo da ciência da Cruz foi muito bem vivido pelo servo de Deus Marcelo Henrique Câmara, como se pode ver à luz de alguns

(1) São Josemaria Escrivá, *Folha informativa*, n. 15, p. 7.

dos episódios marcantes de sua vida, embora muitos outros testemunhos também possam ser relatados.

Em setembro de 2004, o jovem Marcelo enfrentou uma provação extremamente severa quando perdeu súbita e inesperadamente os movimentos das pernas, necessitando de uma internação urgente. Após uma série de exames, foi diagnosticado com linfoma não Hodgkin, um tipo de câncer que afeta o sistema linfático e, no caso de Marcelo, se manifestou por meio de tumores, predominantemente localizados no tórax.

Os exames revelaram a presença de um grande tumor no mediastino e outro menor na coluna vertebral. Dada a gravidade do quadro, tornou-se imperativo realizar uma descompressão da coluna para evitar que Marcelo ficasse paraplégico.

A notícia repentina da internação de Marcelo e a suspeita de tumores malignos causaram grande perplexidade entre seus familiares, amigos, colegas de trabalho e todos os que o conheciam. No entanto, diante de uma cruz tão concreta e pesada, ele demonstrou uma força interior impressionante. A doença, que poderia ter sido motivo de desespero, tornou-se ocasião para manifestar de modo tocante sua fé e sua união com Cristo. Por uma graça especial de Deus, Marcelo pareceu preparado para abraçar a própria cruz com confiança e entrega.

Aqueles que o visitavam no hospital saíam não apenas impressionados, mas também confortados pela sua paz e otimismo. Um exemplo tocante vem de seu amigo Eduardo Chinato Ribeiro, que, na época, enfrentava as provas do concurso para ingresso na carreira do Ministério Público. Eduardo compartilhou como, ao visitar Marcelo no hospital, recebeu dele ânimo e coragem para seguir em frente.

> Deparei-me com um amigo que, apesar de gravemente doente, possuía uma força de superação e uma vontade de viver absurda. Ao invés de levar conforto ao amigo, cada uma das visitas que fiz no período, sozinho ou acompanhado, serviram-me de força e motivação para obter aprovação nas provas, devido aos incentivos recebidos. Ao contrário de receber apoio, Marcelo, mesmo debilitado, dava força para seus pais e amigos, de modo a aliviar o pesar que todos sentiam pela situação. Ele procurava sempre pensar nos seus entes queridos antes de si, agindo com resignação, mas sem deixar de lutar.[2]

A amiga Thaiz Vieceli também registra com muita admiração a atitude de fé e de esperança do amigo:

> Logo no primeiro contato com ele após o descobrimento da doença, mais uma vez ele surpreendeu: quando deveria estar sendo acolhido e confortado, era ele quem acolhia e confortava os seus. Ele dava lições de vida o tempo inteiro. Não que tivesse a intenção de fazê-lo, mas simplesmente porque

(2) NCS, p. 122, último parágrafo.

vivia o amor, vivia a fé que evangelizava, e confiava plenamente no caminho que Deus havia preparado para ele.[3]

A fortaleza diante da gravidade do quadro de saúde fica visível, ainda, no depoimento de Marilis, uma das enfermeiras da equipe técnica que cuidou do tratamento do Marcelo quando de sua internação:

> Não consigo expressar o quão importante ele foi em minha vida. Tudo começou em 2004, quando, um pouquinho antes de me formar, decidi que queria fazer um estágio extracurricular e fui parar no Hospital Celso Ramos, no quarto andar.
>
> Depois de dois ou três dias de trabalho, conheci o Marcelo. Em meio a todo aquele diagnóstico, aquele prognóstico que não era nada agradável, era impressionante como ele lidava com a situação. Não teve um único dia, de todos os dias que passou lá, em que o Marcelinho tivesse reclamado de alguma coisa. [...] Em nenhum momento, não teve um dia [...] em que eu entrasse naquele quarto e o Marcelo dissesse que estava mal. Ele podia estar vomitando, podia estar com dor, mas não transparecia. Era impressionante a força que ele tinha. Era impressionante [...]. Pelo contrário; ele via beleza em tudo. Ele estava naquela situação difícil e agradecia![4]

---

(3) Ibid., p. 121, último parágrafo.

 (4) Ibid., pp. 123-124.

Esse comentário faz-me recordar umas palavras de São Josemaria:

> A alma que se sabe filha de Deus recupera a paz, ou nem sequer a perde: conserva sempre o *gaudium cum pace* [a alegria e a paz]. Inclusive no meio das sombras, das misérias, das doenças, porque raciocina assim: "Eu sou filha de Deus; o Senhor me quer mais que todas as mães e todos os pais do mundo podem amar o seu filho primogênito. Portanto, se permite que aconteçam estas coisas, quer dizer que não são más, que são boas: *omnia in bonum!* Tudo é para o bem". E então que paz![5]

A médica e amiga Maria Eduarda Polli Jacomino relembra como eram edificantes as visitas àquele doente especial:

> Durante sua doença, ficou internado no Hospital Celso Ramos fazendo quimioterapia. Eu fazia estágio lá na época, em outro setor. Fui visitá-lo algumas vezes. Em todas elas, tinha a certeza de que quem ganhava com a visita era eu e não ele. O quarto era um ambiente bom. Ele estava sempre sorrindo, alegre. A mãe, ao lado, parecia-me que, como todos, custava a acreditar na força que o filho tinha.[6]

---

(5) São Josemaria Escrivá, meditação de 29 de março de 1957.

(6) NCS, p. 125, §1º.

Muito significativo é outro relato da enfermeira Marilis:

> Eu passava no quarto dele, e era impressionante, porque às vezes a gente passava em quartos de pessoas com muito menos dores e problemas e saía dali pesada, carregada; e, no quarto dele, era diferente, eu sempre saía renovada, porque ele tinha sempre uma palavra de esperança, uma fé inabalável.[7]

Durante todo o período de sua doença, Marcelo submeteu-se a uma série de exames e coletas de sangue, além de quimioterapia e radioterapia. Enfrentou diversos medicamentos e tratamentos, bem como longas internações em vários hospitais. Este tipo de enfermidade debilita severamente o paciente, e o tratamento é extremamente penoso, com numerosos efeitos colaterais.

Marcelo demonstrou uma atitude proativa e decidida em relação ao seu tratamento. Quando estava com os profissionais de saúde, solicitava relatos detalhados sobre sua condição e os pressionava a acelerar os procedimentos, expressando sua vontade de viver. Ele se envolvia ativamente com os médicos, informando-se completamente sobre seu quadro clínico, os protocolos seguidos e as alternativas de tratamento disponíveis.

---

 (7) Ibid., p. 125, último parágrafo.

A Doutora Karla Zanella, médica-assistente da equipe que tratou a doença desde o início até o final, comentava: "Mesmo tendo a resignação dos santos, em momento algum deixou de lutar pela vida! Enfrentou tudo com a bravura de um guerreiro em campo de batalha".[8]

Marcelo não se deixou imobilizar pelo sofrimento e pela dor física e emocional de ver seus entes queridos padecerem, transformando essas experiências em um profundo encontro com o Senhor. Ele abraçou voluntariamente a cruz que a vida lhe impusera, oferecendo a Deus não apenas sua enfermidade, mas também os sofrimentos que dela resultaram. Marcelo uniu essas provações à Cruz de Cristo, dedicando suas dores à conversão de parentes e amigos, assim como pelas vocações da Igreja. Desde 2006, ofereceu-as especialmente pelas vocações ao Opus Dei, ao qual já havia solicitado admissão.

O amigo Samuel Naspolini descreve com sensibilidade a maneira heroica com que Marcelo superava suas limitações físicas para estudar e buscar aprovação no concurso. Marcelo jamais desistiu de sua missão.

> Em 2005, abalado pelo tratamento, magro, sem cabelos e movendo-se com o auxílio de uma bengala, inscreveu-se no concurso para Promotor de Justiça. As imagens de Marcelo debilitado, porém sorridente e determinado, subindo com o apoio de

(8) Ibid., p. 135, §1º.

Seu Júlio as escadas do *campus* da Unisul ou chegando para estudar na biblioteca da Procuradoria-Geral de Justiça, jamais sairão de nossa memória, da minha e de centenas de participantes daquele concurso e funcionários do Ministério Público. A paz e a serenidade com que ele enfrentava estes desafios traduziam mais do que coragem e força de vontade: eram a fé e a esperança que o moviam e que nunca permitiram que ele fraquejasse durante os exames.[9]

O ano de 2006 é particularmente notável. Marcelo começou o ano com uma internação de 21 dias, recebendo alta ao ser declarado curado do linfoma linfoblástico, embora permanecesse em observação nos meses subsequentes.

Superando seus limites humanos e enfrentando avaliações extenuantes, já desafiadoras para uma pessoa em condições normais de saúde, Marcelo obteve aprovação em quinto lugar entre os vinte selecionados de um total inicial de dois mil candidatos. Ele fez questão de não concorrer à vaga especial destinada a candidatos com deficiência física, apesar de ter direito a ela, por considerar antiético fazê-lo, uma vez que ainda possuía plenas condições intelectuais.

Sua conquista foi amplamente comemorada por familiares, amigos, e também pelos demais candidatos

(9) Ibid., pp. 140-141.

e selecionadores do concurso, conforme recordado pelo Doutor Sandro Neis:

> Recordo-me de que a divulgação do resultado do concurso foi emocionante. No Auditório Luiz Carlos Schmidt de Carvalho, na Procuradoria-Geral de Justiça, tive a oportunidade de apresentar, em ordem crescente de classificação, o nome dos aprovados no concurso de ingresso na carreira do Ministério Público. Marcelo estava entre os aprovados. A emoção foi contagiante.[10]

Marcelo assumiu o cargo, embora tenha enfrentado uma contradição adicional: o exame de saúde prévio havia atestado sua capacidade para o exercício da profissão, mas o médico, temendo assumir a responsabilidade sozinho, alertou a comissão de exame sobre o tratamento em curso, que já era de seu conhecimento. Após a designação de uma junta médica, o exame anterior foi confirmado e, finalmente, a nomeação foi concluída.

Durante o período de posse, houve celebração não apenas pela conquista do cargo, mas também pela melhora considerável em seu estado de saúde, conforme acreditava o Doutor Sandro Neis:

> Marcelo adentrou meu gabinete e, com um sorriso imenso, sem perder, no entanto, a serenidade, me

(10) Ibid., p. 147, §3º.

apresentou a notícia de que estava "curado" e de que seu médico havia diagnosticado que ele estava apto a tomar posse. Essa foi uma das melhores notícias que eu já recebi. Imediatamente, fui ao gabinete do então Procurador-Geral de Justiça, Doutor Pedro Sérgio Steil, levar a boa-nova.[11]

Em 20 de março de 2007, Marcelo foi nomeado para o cargo de 10º Promotor de Justiça Substituto e tomou posse dois dias depois, em 22 de março, na Vara Criminal de São José. Lamentavelmente, só pôde exercer sua profissão por cerca de noventa dias, pois sofreu um agravamento inesperado de seu estado de saúde. Durante uma aula noturna na faculdade de direito, Marcelo desmaiou subitamente, necessitando de internação imediata.

Marcelo tinha sido acometido por um Acidente Vascular Cerebral (AVC): sofrera uma espécie de derrame,[12] responsável pelo estado temporário de inconsciência.

Depois de recuperar a consciência, Marcelinho recebeu um telefonema de Thaiz Vieceli, que desejava saber como estava se sentindo... e ele discorreu sobre a generosidade de Jesus. Thaiz nos relata:

> Lembro-me como se fosse hoje das palavras dele relatando o quanto Deus tinha sido generoso

(11) Ibid., p. 148, §2º.

 (12) Ibid., p. 164, §2º.

> com ele, que o aguardara ter estabilidade financeira (por conta do cargo de promotor) e estar amparado por planos de saúde para então ter a recidiva da doença; disse que havia procurado o melhor especialista de transplantes de medula no Brasil, que a clínica deste médico era em Curitiba e que iria fazer o autotransplante de medula, método pioneiro e revolucionário da medicina. Na ocasião verbalizou com otimismo suas conquistas, seu processo de tratamento e seu testemunho de fé.[13]

Vale a pena recordar como Marcelo recebeu a notícia da leucemia. É a mãe quem relata as disposições do filho:

> O dia em que o médico disse pra ele: "Marcelo, você está com leucemia", ele respondeu: "Então, qual é o procedimento? O que vamos fazer? Daqui para frente, como vai ser o tratamento?". Ele não queria que as pessoas soubessem da leucemia, para não preocupar mais ninguém. Eu queria ressaltar a força dele, pois ele recebeu a má notícia e não se abalou.[14]

Marcelo se preocupava com a família e a consolava. A mãe relata:

---

(13) Ibid., p. 157, §2º.

(14) Ibid., p. 146, §1º.

Chegou uma época na doença dele em que a gente se entendia pelos olhos. Eu achava isso tão legal... Aconteciam algumas coisas e ele me olhava; eu o olhava e sabia o que ele estava me dizendo, e ele sabia o que eu queria dizer. Nessa época a gente ficou mais unido que antes, porque a gente se entendia com o olhar. Era impressionante. Um dia eu estava sentada, pensando, muito triste com o medo de perdê-lo, e ele olhou pra mim e disse: "O que é, mãe? O que estás pensando?", e eu disse que não era nada, coisas que precisava fazer em Florianópolis quando voltasse para casa. Aí ele disse: "Mãe, imagina, se aqui já é bom, como não será do outro lado? Eu tenho certeza de que é muito melhor". Nunca se queixou de nada. Muito pelo contrário. Quando ele me via para baixo, triste, ele tentava me animar, conversar sobre outras coisas, pedia para eu ler para ele. Mas nunca se queixou de coisa alguma.[15]

Silvana Silveira, companheira do seu pai Júlio, relembra que em uma das internações disse ao Marcelo: "Que sofrimento o seu, meu querido!". Ao que ele respondeu: "Sofrimento maior foi o de Cristo".[16]

Sua saúde ia se debilitando. Durante a internação de 6 de junho a 10 de julho de 2007, Marcelo precisou

---

(15) Ibid., p. 158, §2º.

 (16) Ibid., último parágrafo.

de 22 transfusões de sangue. Em certos momentos, as sessões de quimioterapia eram realizadas até aos sábados e domingos, praticamente todos os dias.

A aceitação e entrega de Marcelo aos desígnios de Deus eram completas. Sua principal preocupação era com a possível falta de fé daqueles que o amavam, temendo que isso lhes causasse sofrimento. Mesmo diante de uma doença grave, ele demonstrava uma admirável capacidade de se colocar no lugar dos outros.

Em 20 de novembro de 2007, Marcelo realizou um autotransplante de medula óssea em Curitiba, após se submeter a uma quimioterapia para "zerar" sua medula, com efeitos colaterais como a descamação da boca. Apesar de ter aparentado melhora após o transplante, essa melhoria revelou-se apenas temporária. Lamentavelmente, ele precisou ser internado novamente no dia 8 de fevereiro de 2008.

Diante da complexa condição de saúde de Marcelo Henrique Câmara, agravada pelas intensas dores de cabeça decorrentes da infiltração do sistema nervoso central provocada pela leucemia, os médicos prescreveram-lhe morfina (Dimorf). Inicialmente, o medicamento foi administrado em intervalos de quatro em quatro horas, sendo posteriormente ajustado para uma frequência de seis em seis horas.

Maria Zoê fez, sobre essa última etapa da vida do Marcelo, uma descoberta importante e significativa que a princípio a deixou intrigada e, depois, profundamente emocionada: nos dias 14 e 15 de março, a equipe de enfermagem registrou que o paciente não aceitou a medicação Dimorf às 14h.[17]

> Sim. Como se não bastasse todo o sofrimento involuntário, Marcelo rejeitou uma dose de morfina diária pelo menos em dois dos últimos dias em que esteve plenamente consciente. Dona Leatrice é testemunha. Naqueles dias, Marcelo relatava dores extremas na cabeça. Constantes. Em um momento ela correu para procurar os enfermeiros para que lhe administrassem a medicação analgésica. Quando chegaram no quarto para lhe aplicar, Marcelo disse que não queria. Mas nunca falou sobre suas motivações.[18]

É indiscutível que, nas condições extremas em que se encontrava, Marcelo tinha todo o direito de buscar alívio para sua dor. Afinal, não havia mais nada de material que ele pudesse perder: estava plenamente consciente de que sua própria vida estava se esvaindo. Contudo, no íntimo de sua alma, sabia que algo muito maior estava em jogo. E esse algo era a eternidade.

Aqueles que conheciam Marcelo Henrique Câmara sabiam de sua profunda espiritualidade e da sua determinação em unir-se ao sacrifício de Cristo. Mesmo em meio ao sofrimento extremo, ele desejava

(17) Cf. ibid., pp. 162-163.

 (18) Ibid., p. 163, §3º.

oferecer suas dores pela conversão das pessoas e pelas vocações, continuando assim uma prática que já vinha adotando ao longo de sua vida. Além disso, queria manter-se lúcido para poder rezar com maior intensidade e clareza.

Nos últimos momentos de sua vida, Marcelo tornou-se introspectivo e silencioso. Quando percebeu a gravidade de sua situação e o rápido agravamento de seu estado de saúde, a reação mais visível foi um retraimento profundo. Ele evitou transmitir sua dor aos outros, nunca se colocando como vítima. Guardou para si os sentimentos mais íntimos, preferindo sofrer em silêncio.

As dores de cabeça se intensificavam. Marcelo entrou em estado letárgico na noite de 17 de março de 2008, sem responder mais aos estímulos. Foi então que entrou em coma, provocado pela infiltração do sistema nervoso central.

O relato da mãe de Marcelo, Leatrice, sobre seus últimos momentos juntos é profundamente comovente. Em suas palavras, revela-se a entrega dolorosa e amorosa do filho a Maria Santíssima, uma entrega que marca o final de sua jornada terrena com um ato de fé e confiança na misericórdia divina.

> No dia da sua morte, ele estava em coma e muito ofegante. Eu segurei na mão dele e disse: "Meu filho, vai com a Nossa Senhora. A mãe está te entregando para Nossa Senhora [...]. De agora em diante, ela é tua mãe lá no céu [...]. Vai". E aí ele foi.

> Eu nunca pensei que eu fosse ter forças para dizer isso, mas senti que ele estava precisando disso.[19]

A Virgem Maria, nossa mãe, recebeu seu filho Marcelinho nos braços — ele, que tomou generosamente a Cruz de Cristo e morreu unindo-se totalmente ao sacrifício redentor de seu Filho Jesus.

 (19) Ibid., p. 167, último parágrafo.

Exame sobre a cruz e as mortificações

1. Compreendo a importância das pequenas mortificações diárias para o crescimento espiritual? Estou praticando a paciência, a ordem e o serviço ao próximo com generosidade?

2. Medito sobre o amor incondicional de Jesus ao morrer por nós na Cruz? Peço a Deus a graça de amá-lO mais e renovar meu desejo de evitar os pecados, que foram a causa da sua Paixão e Morte?

3. Já identifiquei as cruzes concretas que Deus espera que eu carregue em minha vida? Estou carregando essas cruzes diárias com generosidade?

4. Ofereço a Deus as contrariedades do dia e ajudo aqueles ao meu redor a enfrentá-las com um espírito esportivo e positivo, sem adotar um complexo de vítima?

5. Estou disposto(a) a sacrificar-me com alegria, sem esperar compensações ou reclamar das renúncias necessárias para o meu crescimento espiritual?

6. Procuro ativamente pequenos sacrifícios que me aproximem de Deus e fortaleçam minha vontade, desagravando assim pelos meus pecados e pelos pecados da humanidade?

7. Estou disposto(a) a abrir mão de gostos e planos pessoais, mesmo que razoáveis e legítimos, para tornar a vida dos que me cercam mais amável e lutar contra o meu egoísmo?

8. Como lido com os imprevistos, doenças e as dificuldades do dia a dia? Consigo ver essas situações como oportunidades para ajudar a Cristo levar a Santa Cruz?

9. Tenho feito um esforço consciente para realizar meus deveres e tarefas com responsabilidade e amor, mesmo quando não estou motivado(a) ou me sinto esgotado(a)?

10. Sou consciente de que a verdadeira cruz não é apenas uma dificuldade passageira, mas uma oportunidade para imitar Cristo em sua doação total? Percebo que, ao abraçar a minha cruz, também recebo o consolo maternal de Nossa Senhora?

Posfácio

Ao concluir a leitura deste livro, uma convicção se fortalece em nós: a santidade é um chamado real e acessível a todos os batizados. E o nosso mundo necessita de santos, como nos recordam as palavras do Papa Bento XVI: "O nosso tempo precisa de santos, e os santos mostram-nos, de muitas maneiras, como podemos viver o Evangelho hoje e como podemos ser sinais luminosos do amor de Deus".

Marcelo Henrique Câmara ofereceu, com sua vida, um testemunho luminoso de alguém que procurou responder com generosidade a esse chamado. E, de fato, ao longo destas páginas, percebemos que a busca da santidade de Marcelo não foi algo distante ou inatingível, mas profundamente enraizado na vida cotidiana, nas relações humanas, no trabalho, no estudo, no serviço à Igreja e no amor a Deus e ao próximo. O servo de Deus procurou viver intensamente as bem-aventuranças, mostrando que elas não são um ideal abstrato, mas um caminho concreto que conduz à felicidade verdadeira.

A santidade não está reservada a momentos extraordinários; antes, constrói-se nas pequenas coisas de cada dia. Seu testemunho nos desafia a olhar para nossa própria vida e perguntar: "Estou verdadeiramente buscando a santidade com todo o meu coração? Tenho sede de Deus e desejo corresponder ao Seu amor?".

A resposta a essas perguntas está na decisão concreta de cada um de nós de percorrer o caminho da santidade, confiando na graça de Deus e abandonando-se filialmente em Suas mãos. Marcelo nos mostra que esse caminho não é fácil, mas possível; e, mais do que isso, é um caminho de alegria e plenitude.

Além de seu testemunho de vida, Marcelo também se tornou para muitos — como para mim — um amigo próximo e um conselheiro espiritual, cuja lembrança inspira confiança e desejo de proximidade com Deus. Mesmo após sua partida para a casa do Pai, sua memória continua viva, guiando-nos com sua história, inspirando-nos com suas palavras e despertando em muitos o desejo de recorrer em oração, pessoalmente, à sua ajuda.[1] Aqueles que se aproximam de sua vida descobrem um irmão na fé que, com seu exemplo, continua a apontar para Cristo e a nos incentivar a caminhar em direção ao Céu.

Que este livro desperte em cada leitor o desejo de ser mais de Deus, de caminhar com Cristo e de deixar que Ele inflame nosso coração, assim como fez com os discípulos de Emaús e com o próprio Marcelinho. E que, através da prática das bem-aventuranças, um dia possamos nos encontrar no Céu, onde veremos em plenitude o amor infinito de Deus.

---

(1) É próprio da piedade pessoal fazer orações privadas assim, enquanto se aguarda o juízo da Igreja sobre a santidade de um servo de Deus.

ESTE LIVRO ACABOU DE SE IMPRIMIR
A 30 DE OUTUBRO DE 2025,
EM PAPEL IVORY SLIM 65 g/m^2.

598